Nuova Narrativa Newton

328

Titolo originale: *A Beautiful Lie*

First published in Great Britain in January 2011
by Bloomsbury Publishing Plc

Traduzione dall'inglese di Maddalena Togliani
Prima edizione: gennaio 2012

Roma, Casella postale 6214

ISBN 978-88-541-3536-9

www.newtoncompton.com

Realizzazione a cura di Librofficina, Roma
Stampato nel gennaio 2012 presso Puntoweb s.r.l., Ariccia (Roma)
su carta prodotta con cellulose senza cloro gas provenienti
da foreste controllate, nel rispetto delle normative ambientali vigenti

Irfan Master

La biblioteca dei mille libri

Newton Compton editori

A
Ahmed Bhura,
grazie per le tue storie
e a
Gulam M. Master,
ci manchi ancora

Prologo

Tutti raccontano bugie.

Mentiamo tutti. A volte lo facciamo per noi stessi, perché ci fanno sentire meglio, altre volte per far stare meglio gli altri.

Molti anni fa ho raccontato una bugia che ha cominciato a vivere di vita propria e a lungo andare ha segnato la mia vita. L'unica volta in cui ho nutrito delle certezze è stato allora, tanti anni fa, da ragazzino. Quando mentivo. Da allora non mi sono mai più sentito *davvero bene* in vita mia.

Mentiamo tutti. Il 14 agosto 1947 però ho capito che tutti raccontano bugie, ma che non tutte le bugie sono uguali...

Anaar Gully

India settentrionale
giugno 1947

Uno

[illegible]

Uno

C'era qualcosa che non andava. Lo sentivo, ma non riuscivo a capire esattamente cosa fosse. Era un po' come quando mio padre girava la testa di scatto da una parte all'altra, annusando l'aria come un galletto agitato. Mi guardava e diceva: «Non senti un odore diverso nell'aria, ragazzo mio? Sta arrivando il monsone». La sensazione era la stessa: capivo che stava per capitare qualcosa, ma non era in arrivo la pioggia o il monsone, bensì qualcosa di ancora più grande.

Stavo attraversando a piedi il mercato con un grosso melone in mano, perso nei miei pensieri. Le piogge monsoniche erano iniziate il giorno prima, e la freschezza dell'aria mescolata al profumo di gelsomino mi riportò al presente. Mi fermai a osservare la fila di venditori di fiori che infilavano delicatamente i petali per confezionare montagne di collane.

Di tutti i venditori di fiori, Jayesh era quello che aveva la vista più acuta e le dita più agili, e il suo mucchio era sempre più alto di quello degli altri. Gli abitanti dei villaggi confinanti venivano apposta per guardare Jayesh, seduto a gambe incrociate al suo banco da lavoro, che infilava un fiore dopo l'altro. Mi avviai verso la sua bancarella. Pochi mesi prima sarebbe stato circondato da una folla di gente, ma quel giorno c'ero solo io. Stetti a osservarlo qualche minuto mentre infilava con delicatezza i petali senza un attimo di sosta. Aspettai pazientemente che si infilasse un petalo di rosa in bocca e cominciasse a masticare: una volta inghiottito il petalo, la collana si poteva considerare finita. Quando si avvicinò alle labbra un petalo di rosa sorrisi tra me e me. Certe cose non cambiavano mai. Ma il mio sorriso svanì quando pensai, invece, che da qualche tempo alcune cose erano cambiate davvero. In apparenza la vita continuava in tutta normalità, ma nel mercato regnava una tensione che non avevo mai avvertito prima. Piccoli segnali indicavano che qualcosa era mutato.

Lo stomaco cominciò a brontolarmi quando passai davanti ai venditori di cibo che preparavano da mangiare per i soldati dell'esercito regolare e per gli inglesi, con il *daal* che bolliva dolcemente in un enorme calderone e una grossa ciotola di riso bollente lì accanto. Quando superai un'altra bancarella, vidi la stessa combinazione di riso e *daal*. Scossi il capo e affrettai il passo. Qualche mese prima i due commercianti erano stati soci: uno preparava il *daal*, l'altro il riso, e si spartivano i guadagni. Le bancarelle erano una accanto all'altra e loro due sedevano, come fanno gli amici, all'ombra, dividendosi ogni tanto una sigaretta. Ma questo risaliva ad alcuni mesi prima.

Quando giunsi nei pressi di una zona coperta da una tettoia di canne di bambù, udii un clamore di voci che parlavano tutte insieme. Da sempre i decani della città si ritrovavano lì e, mentre disponevano calce e betel su foglie di eucalipto pronte da fumare, approvavano o criticavano ciò che accadeva nel mondo. Mio padre spesso andava lì ad ascoltare quello che avevano da dire, scuotendo il capo di fronte ai loro avvertimenti e prestando rispettosamente orecchio ai consigli che impartivano. Quel giorno restai in disparte ad ascoltare le voci e a osservare i gesti degli anziani. Avevo sempre considerato quell'angolo come un luogo sereno, dove i vecchi si assopivano o ti strizzavano l'occhio quando passavi o ti davano dei soldi per comprare una foglia di eucalipto, ma in quel momento era tutto fuorché tranquillo. Sebbene qualcuno di loro fosse ancora lì seduto a fumare placidamente, molti erano in piedi e gesticolavano in modo concitato. Qualcun altro, appoggiato al bastone, aveva un'espressione severa e aspettava pazientemente il proprio turno – non per parlare, ma per urlare. Un vecchio si mise addirittura a punzecchiarne un altro con il bastone, suscitando l'indignazione dei presenti che si alzarono e levarono le mani in segno di protesta. Tirai dritto, accelerando il passo. Gli anziani avevano sempre discusso tra loro, ma questa volta era diverso. C'era qualcosa di più, che si nascondeva misteriosamente sotto la superficie. In passato, dopo una discussione sbollivano la rabbia con un bicchiere rinfrescante di *lassi*. Quel giorno, invece, non si rappacificarono, e le loro animosità sembravano acuirsi in segreto. Sembrava tutto fuori posto, come quando dopo aver inforcato gli occhiali di Bapuji vedevo intorno a me le cose ingrandite e alterate. Mentre ripensavo a com'erano cambiate le cose avanzai assorto, oltrepassando la bancarella di verdure di Anand. Un suono improvviso mi riportò al presente ancora una volta, quando Anand si mise a inveire contro di me.

«Bilal, guarda dove vai con quel melone! Me l'hai quasi fatto cadere su un piede».

Il melone mi pesava. Lo guardai e a un tratto capii. Bapuji non aveva voglia di melone, aveva semplicemente voluto liberarsi di me prima dell'arrivo di Doctorji. Consegnai il melone a un Anand allibito e mi misi a correre.

Mi fermai con una scivolata, arrivando proprio nel momento in cui il dottore stava uscendo dalla porta. Aspettò pazientemente che riprendessi fiato, piegato in due.

«Tirati su, Bilal. Ti ci vorrà meno tempo per ricominciare a respirare normalmente».

Impegnato com'ero ad ansimare non riuscii a parlare, ma mi raddrizzai e lo guardai attentamente in faccia.

Mi osservò bene a sua volta e si avvicinò per raddrizzarmi il colletto piegato; poi sorrise. «Guarda in che stato sei, Bilal. Tredici anni e ancora non ti sai vestire come si deve. Quanto tempo è passato dalla morte di tua madre?»

«Cinque anni…».

«Cinque anni sono tanti, ragazzo. Devi imparare a prenderti cura di te».

«E quattro mesi…».

«Cosa?»

«E ventiquattro giorni», replicai, guardandolo negli occhi.

Doctorji espirò con un soffio sospirando.

La sensazione alla bocca dello stomaco che non ero riuscito a definire mi trasmise piccole scariche elettriche in tutto il corpo.

«Il tuo bapuji sta morendo, Bilal. Lo sai, vero? L'hai visto, te ne sei accorto».

Delle lucine brillanti mi si accesero davanti agli occhi, e tutto il corpo mi formicolava. I contorni del viso del dottore si confusero, e dovetti chiudere e riaprire le palpebre.

«Bilal…», disse il dottore con dolcezza.

Mi sforzai di tenere gli occhi aperti e, dopo qualche secondo, lo rimisi a fuoco. Doctorji mi posò una mano pesante sulla spalla già curva. Sentii le ginocchia cedermi.

«Non gli resta molto, ormai. Un mese, forse due, ma possiamo ancora rendergli la vita più gradevole. Se non fosse per quell'infarto di qualche mese fa... Se non lo avesse lasciato paralizzato... Se potesse ancora muoversi ed essere attivo, avrebbe una possibilità di lottare contro il cancro». Scrollando il capo, il dottore si accigliò. «Troppi "se". La sua mente è forte, ma il corpo non gli obbedisce più. Va' da Rajahwallah a chiedergli queste medicine. Digli di parlare con me per il pagamento. Devi farlo oggi. Bilal, mi stai ascoltando?».

Guardai di nuovo il dottore e la sua mano sulla mia spalla, poi inclinai il capo per allontanare lo sguardo da lui e fissare la porta aperta.

«Sì, sto ascoltando», replicai con voce roca, appena udibile.

«Bene. Ora devi comportarti normalmente. Tienilo su di morale facendo tutto come prima, e questo significa anche che devi andare a scuola. Ora devo andare, ma ripasserò domani. Vieni da me se hai bisogno di qualcosa, d'accordo?».

Annuii lentamente. Doctorji mi squadrò con la sua solita espressione severa, ma lo sguardo gli si era addolcito, come quando lui e Bapuji parlavano dei vecchi tempi. Si voltò per andarsene, poi si fermò e tornò a guardarmi.

«E tuo fratello dov'è?», chiese.

«Va e viene...», borbottai.

«Più che altro va, ci scommetterei. Maledetto sciocco, che vuole giocare a fare l'uomo. Gliene dirò quattro quando lo vedo, non preoccuparti. Non è normale che un *bhai* maggiore si comporti così», dichiarò Doctorji, scuotendo la testa e voltandosi.

Mi sentii pesante e incapace di muovermi come un

vecchio albero quando Doctorji si avviò verso il mercato. Fissai lo sguardo sulla sua valigetta e restai a guardare finché la sagoma quadrata, che si allontanava ballonzolando, non scomparve. Per la prima volta in vita mia avevo paura di varcare la soglia di casa. Chiusi gli occhi e mi addentrai nell'oscurità.

Due

Entrando lentamente nella stanza toccai l'argilla fresca e scura e appoggiai la fronte alla parete. Il contatto con quel muro familiare e solido mi faceva stare meglio. Bapuji diceva sempre che casa nostra era composta di due parti di argilla, due parti di acqua e due parti di semplice buona volontà. Per me era un santuario, un luogo dove sapevo che Bapuji mi aspettava sempre, pronto a rispondere alle mie numerose domande.

Era solo una capanna di fango con un'unica stanzetta, ma era casa mia. Aveva però una caratteristica che la rendeva unica: una parete divisoria che tagliava la stanza in due. Un tramezzo costituito solo da uno strato triplo di vecchi libri, dal pavimento fino al soffitto. Per un po' era stata l'attrazione principale per gli abitanti della città, molti dei quali non avevano mai visto tanti libri tutti insieme.

Con l'aiuto di Bapuji organizzavo delle visite guidate di casa nostra, soffermandomi su vari libri e terminando il giro con qualche verso di Tagore, poi mi inchinavo e accompagnavo fuori il gruppo appena edotto. Bapuji diceva sempre: «L'educazione e la letteratura, ragazzo mio, sono un diritto per tutti. Se le hai, non devi privarne gli altri». E si metteva a recitare delle poesie.

La mia educazione cominciava a scuola ma proseguiva a casa. A volte tutta quella cultura era perfino troppa. Bastava poco per sopravvivere: sapere, per esempio, dove trovare acqua pulita, come rammendarsi i vestiti e con chi barattare per procurarsi cibo a sufficienza per la settimana. Informazioni concrete, pratiche. Nessuno avrebbe scambiato qualcosa con dei libri. Credetemi, ci ho provato, ma di solito mi sentivo rispondere: «I libri non posso mica mangiarli». Bapuji restava sempre stupito dal fatto che la gente non si rendesse conto che le lettere, le parole e i libri costituivano una fonte inimmaginabile di ricchezza. Anch'io facevo fatica a capire cosa intendesse, ma lui era fatto così. Bapuji, se era in compagnia di un buon libro, poteva restare giorni interi senza lavarsi, parlare e perfino mangiare.

Bapuji aveva raccolto il suo muro di libri nel corso di quarant'anni. Aveva scambiato, guadagnato, salvato, riparato, mendicato e comprato ogni libro con una passione davvero ossessiva. Spesso, di sera tardi, lo trovavo seduto, vestito del solo *dhoti*, vicino al tramezzo, immerso nella lettura di un libro. Quando udiva il rumore dei miei passi sollevava gli occhi lucenti dalla pagina e mi faceva un sorriso tanto radioso e soddisfatto che faceva sorridere anche me. Diceva: «Vieni, devi vederlo anche tu», e andavo a sedermi accanto a lui lottando contro il sonno, mentre mi raccontava di fatti strani e meravigliosi avvenuti in luoghi all'altro capo del mondo o di animali che non credevo potessero esistere.

Quel giorno l'aria sembrava densa mentre avanzavo lentamente nella stanza verso il letto di Bapuji. Quell'angolo della casa era particolarmente fresco e buio perché dalla finestrella riusciva a filtrare ben poca luce. Il suo letto basso era contro la parete più lontana, accanto al suo muro di libri. Avevo trascorso molto tempo sul *charpoi* ad ascoltarlo mentre leggeva ad alta voce passaggi di vecchi libri scritti in uno strano linguaggio che non sempre capivo. Spesso mi addormentavo accompagnato dalla voce di Bapuji e facevo sogni straordinari su luoghi mai visitati e persone mai viste. Era proprio quella l'idea, secondo lui: poter vivere attraverso i libri mille vite diverse e affrontare un milione di avventure.

Il fastidio che avevo allo stomaco era diventato un dolore sordo. Respirai profondamente e lo ricacciai dentro, in profondità. Mi mossi verso l'unico altro mobile della stanza, uno sgabello basso su cui spesso sedevo per leggere a Bapuji. Lo presi e lo avvicinai al letto.

Guardai Bapuji che dormiva, con il torace che si alzava e si abbassava tra un rantolo e un colpo di tosse. Aveva i capelli quasi tutti grigi, ormai, tagliati corti e radi in cima. Avevamo gli stessi occhi castano scuro, lo stesso naso affilato e la pelle nocciola. Gocce di sudore gli scendevano dalla fronte fin nelle guance scavate, restando poi impigliate nella barba sale e pepe. Aprì gli occhi e, non per la prima volta, vidi com'era diventato debole e fragile. Aveva gli occhi cerchiati di nero, che mi facevano pensare alle immagini dei panda viste in una vecchia enciclopedia.

Bapuji sorrise e il viso gli si raggrinzì in cento piccole rughe. «Faglie», le chiamava. «Le nostre fratture personali nella crosta terrestre». Non sapevo cosa volesse dire, ma non era una novità. Mi sorrise e cercò di rizzarsi a sedere, riuscendo con fatica a tirarsi su. Restai lì seduto, nervoso, ma non cercai di aiutarlo perché non sopportava che mi prendessi cura di lui. Si appoggiò e mi guardò fisso con i suoi occhi luminosi.

«Hai parlato con Doctorji, allora?»

«Sì».

«Starò bene, Bilal».

«Lo so». *Morire non equivale esattamente a stare bene.*

«Starai bene anche tu. Devi scrivere a mia sorella e organizzarti».

«Lo farò, non preoccuparti». *Non voglio vivere con tua sorella. La mia casa è questa.*

«Jaipur è un bel posto e mia sorella si occuperà bene di te. E la storia di Jaipur, ragazzo mio... Ti invidio».

«Andrà tutto bene, Bapuji». *Non mi importa di Jaipur, non mi importa della storia e non starò bene.*

Tutto qui. Non dicemmo altro. Una terribile malattia lo stava divorando da dentro e lui non ne parlava neanche.

«Che novità ci sono oggi, figlio mio? Quegli avvoltoi hanno preso una decisione?».

Mi irrigidii, sapendo quale sarebbe stato il seguito.

«Sono tutti delle arpie. Non capiscono, non c'è niente da fare. Il destino dell'India non può essere deciso da pochi uomini riuniti intorno a una carta geografica, che chiocciano come galline per decidere chi avrà la porzione più grossa di mangime. Possono parlare quanto vogliono – fino alla fine del tempo, per quanto mi riguarda – ma Madre India si occuperà di loro. Guarda i tuoi amici, Bilal. A loro interessa che siamo musulmani? Abbiamo mangiato con la famiglia di Chota molte volte. Dovremmo odiarli solo perché sono indù? Prendi Manjeet: conosco la sua famiglia da prima che nascessi tu. Sono andato al matrimonio del padre di Manjeet. Sono sikh, eppure abbiamo origini simili e molte cose in comune. Tra noi esisteranno sempre delle differenze, ma le somiglianze ci terranno uniti. L'India non sarà mai spezzata né divisa. Pensano forse che non sia mai accaduto prima? Che non siamo già stati sul punto di farlo? Credono che l'India sia fatta di argilla e che sia possibile modellarla secondo le loro meschine ambizioni? Abbiamo già subìto e subiremo ancora, ma quegli uomini – quelle canaglie e gli ospiti inglesi – non romperanno mai la schiena all'India. Non finché vivrò, figlio mio, non finché vivrò».

Bapuji stava tremando con una furia che non gli avevo mai visto prima, gli occhi ridotti a pozze scure di inchiostro in cui non riuscivo più a guardare. Volevo gridare: *Ti sbagli*. Proprio il giorno prima ero stato nella piazza del mercato con Saleem e avevo ascoltato alla radio Nehruji che parlava del progetto di partizione, del nuovo mondo che avremmo creato, che ci piacesse oppure no. *Come possono farlo? Prendere una mappa e dire: «Ecco il confine. Scegli da quale parte vuoi stare»*. La partizione era come prendere un pezzo di tessuto spesso e tagliarlo a metà con la massima precisione possibile. L'unica differenza era che, dopo il primo taglio, nessuna cucitura, nessun rammendo avrebbero più potuto ridare a quel materiale la sua interezza.

Bapuji non usciva dalla sua stanza da quasi un mese. Non aveva visto i cambiamenti nella gente, l'atmosfera al mercato, i vecchi che litigavano in piazza. C'erano stati disordini e violenze l'anno precedente, ma si erano calmati e per un po' la vita era tornata alla normalità. Ma da quando era stato annunciato il progetto di partizione, era cambiato tutto. Si raccontava di bande che in tutto il Paese bruciavano case, uccidevano donne e bambini, e di partiti politici che reclutavano giovani per farli combattere e portare avanti la loro causa. L'India stava soccombendo attaccata da un cancro, proprio come quello che stava divorando Bapuji. Una malattia che veniva dall'interno.

Un dolore acuto allo stomaco, che mi era venuto per l'ansia mentre stavo parlando con Doctorji, mi attanagliò. Chiusi forte gli occhi per resistere. Perché non se ne accorgeva? Stava cambiando tutto, tutto andava a rotoli. L'India era a un passo dal disastro. Avrei voluto gridargli: *Non mi importa dell'India, dei politici, degli avvoltoi e di tutto il resto. Mi importa solo di te!* Invece mi avvicinai al suo letto, lo abbracciai e mi coricai accanto a lui. Dopo un po' lo sentii assopirsi piano piano, mi liberai dal suo abbraccio e stetti a guardarlo mentre dormiva sereno.

Avevo nascosto il progetto di partizione a Bapuji pensando che, malato com'era, poteva morirne. Sapevo ora che l'effetto della notizia sarebbe stato per molti versi anche peggiore. Gli avrebbe spezzato il cuore.

Fu in quel preciso momento che capii esattamente cosa dovevo fare. Decisi che, qualunque cosa fosse successa o dicesse la gente, avrei fatto in modo che il mio bapuji non sapesse cosa accadeva nel mondo esterno. Non importava che tutti si preparassero al peggio e che l'India fosse sull'orlo di un baratro, in attesa di un monsone di proporzioni mai viste al cui passaggio sarebbe cambiato tutto. Giurai a me stesso che Bapuji non avrebbe saputo la verità su ciò che stava per accadere. Sarebbe morto pensando che l'India fosse e sarebbe sempre stata come la ricordava. In quel preciso momento, decisi di mentire. Raddrizzai le spalle e mi apprestai a uscire dalla stanza.

«Bilal», mormorò Bapuji con voce arrochita.

«Sì, Bapuji?»

«Dov'è il mio melone?».

Me ne andai, e le lacrime salate mi bruciavano il viso mentre uscivo verso la luce.

Tre

Il sole mi abbagliò quando uscii di casa e mi trovai davanti i miei tre migliori amici. Mi stavano aspettando a capo chino, disposti a semicerchio. Sapevo che avevano aspettato il passaggio di Doctorji davanti alla bancarella del *chai* e gli erano corsi dietro, quindi anche loro sapevano di Bapuji. Lui non doveva essersi sbilanciato, ma loro avevano sicuramente capito lo stesso. Non volevo parlare, non mi andava, non in quel momento. Mi misi in cerchio insieme agli altri e restai a fissarmi i piedi.

Alla mia sinistra avevo Chota, il più piccolo tra noi ma anche il più coraggioso. Se gli avessi detto che l'angelo della morte stava venendo a prendersi il mio bapuji e che non avrebbe dovuto permettergli di portarcelo via, si sarebbe sputato sulle mani e avrebbe stretto i pugni, preparandosi a combattere. Alla mia destra c'era Manjeet, alto, magro e con un turbante di un arancione vivace legato stretto in testa. Parlava solo quando aveva qualcosa di interessante da dire, e io stavo sempre bene in sua compagnia, che parlassimo oppure no. Infine di fronte a me avevo Saleem, spettinato, che molti prendevano per mio fratello perché eravamo sempre insieme. «Siete gemelli siamesi, voi due», diceva Bapuji, e aveva ragione. Ci separavamo solo quando dovevamo tornare a casa.

Restammo in cerchio a guardarci i piedi per un bel po'. Alla fine alzai lo sguardo, e gli altri mi imitarono. Nei loro visi lessi la stessa tristezza che avevo visto in faccia a

Doctorji. Avrei avuto bisogno del loro aiuto per riuscire a portare a termine il mio progetto e mantenere fede al giuramento fatto.

Dopo che ebbi raccontato loro ciò che intendevo fare, restarono in silenzio. Pensavo che avrebbero cercato di convincermi che era sbagliato, invece restarono con lo sguardo basso. Poi Saleem mi mise una mano sulla spalla e annuì.

«Ti capiamo, fratello. Ti aiuteremo».

Non sapevo cos'altro dire, così andammo nel nostro rifugio preferito: il tetto di una vecchia casa abbandonata usata per conservare i peperoncini essiccati, dal quale si dominava tutto il mercato. Presi un bastoncino e mi misi a tracciare ghirigori senza senso per terra.

«Sapete tutti quanta gente viene a trovare il mio bapuji e a raccontargli le novità», cominciai.

«Certo, è il più bravo di tutti a raccontare delle storie e…». Chota smise di parlare quando gli lanciai un'occhiataccia.

«Comunque sia, dobbiamo mettere fine a queste visite», dichiarai bruscamente.

«Cosa? Tutte?», chiese Manjeet, che, come suo solito, era stato zitto fino a quel momento.

«Sì, tutte».

«Però potrebbe scoprirlo in altri modi», osservò Manjeet.

«Gli piace leggere il giornale», aggiunse Saleem.

«Non legge nessun giornale da un pezzo, quindi forse per quello non c'è fretta», replicai.

«Ma quando gli verrà voglia di leggerlo, cosa faremo?», chiese Manjeet.

«Be', ci penseremo quando succederà», risposi un po' innervosito, incrociando le braccia sul petto.

Saleem, come faceva spesso, ci fece riunire tutti in cerchio e mi circondò le spalle con il braccio. Gli sorrisi riconoscente.

«Bene, spiegaci come intendi fare».

Afferrai di nuovo il bastoncino.

«Allora, domani tu, Chota, non vai a scuola», esordii, puntandogli contro il rametto.

«Dove vado, allora?», chiese Chota, confuso.

«Starai su questo tetto a fare la guardia a casa mia per vedere se qualcuno va a trovare Bapuji. Da qui riesci a vedere tutte le strade che portano da me. Nel momento in cui vedi qualcuno che si avvicina, salti giù e getti un sassolino dentro la finestra aperta della scuola».

«E poi?», chiese Saleem.

«Poi tu o Manjeet cercate di distrarre la classe, così io posso scivolare fuori, intercettare il visitatore e inventarmi qualcosa per fargli cambiare programma».

Erano tutti soddisfatti delle mansioni che dovevano svolgere. Chota a scuola non ci andava mai comunque, e il signor Mukherjee sarebbe stato contento della sua assenza, perché tendeva a addormentarsi e a russare forte. Manjeet e Saleem avrebbero fatto la loro parte, e quanto a me avevo già escogitato cento ragioni per cui non si poteva fare visita al mio bapuji. Ero sicuro che avrebbe funzionato. Quando il sole tramontò, guardammo il mercato chiudere per l'ennesima volta. Era da parecchio che non restavamo in silenzio tanto a lungo.

Quattro

Il giorno dopo iniziò come tanti altri. Indossai la mia uniforme rattoppata e diedi un bacio a Bapuji per salutarlo. Borbottò qualcosa che non capii e mi diede un abbraccio. Raccolsi i libri, le penne e la cartella e mi incamminai verso la scuola, prendendo a calci dei sassi per tutto il tragitto. Al mio arrivo avevo l'alluce che mi pulsava dolorosamente, ma la cosa non mi dispiaceva. Il male mi distraeva e mi aiutava a nascondere quello che provavo dentro. Il signor Mukherjee aspettava sulla porta i ritardatari, e mi disse di sbrigarmi. Lanciai un'occhiata alle mie spalle e sorrisi, sapendo che Chota si stava dirigendo sul tetto. Sarebbe stata una giornata lunga, ma ero sicuro che non mi avrebbe tradito.

Entrando in classe incontrai Manjeet, e ridacchiammo piano con aria da cospiratori mentre ci sedevamo sulle stuoie in fondo alla classe. Saleem, che era qualche fila davanti a noi, si voltò e ci strizzò l'occhio mentre gli altri ragazzi riempivano la stanzetta, sedendosi spalla contro spalla. Un tempo avevamo dei banchi che ci erano stati regalati dall'associazione dei commercianti del mercato, ma erano stati rubati il mese prima, anche se non riuscivo a capire cosa potesse farsene qualcuno di quindici banchi.

Il signor Mukherjee si piantò davanti alla classe con entrambe le mani sollevate e noi facemmo silenzio.

«Oggi impareremo qualcosa di nuovo sulla storia illustre di questo Paese, sul suo passato poetico e le opere e le persone che lo hanno reso grandioso».

Sospirai. Si trattava della lezione preferita del signor Mukherjee. La grandezza dell'India, il suo meraviglioso passato. *Ebbene, cosa dire del suo meraviglioso presente e futuro?*

Alzai lo sguardo sul signor Mukherjee, con i suoi occhialini dalla montatura di metallo ben fissati sulle orecchie e posati sulla punta del naso, e gli occhi che gli brillavano al pensiero del nostro passato glorioso. Il signor Mukherjee indossava ogni giorno lo stesso panciotto di velluto rosso e teneva nel taschino un orologio d'argento attaccato a una catenella. Bapuji diceva che assomigliava al coniglio di *Alice nel paese delle meraviglie* perché guardava sempre l'orologio borbottando. Sorrisi a quel pensiero e lui mi guardò.

«Bilal, trovi divertente la nostra grande storia?».

Fui preso dal panico. Manjeet mi mollò una gomitata nelle costole che ricambiai subito.

«No, Masterji, è un passato molto glorioso», replicai.

«Sono contento che lo pensi. Ti dispiacerebbe venire qui davanti e recitarci qualche verso?»

«No, Masterji. Voglio dire, no, non mi dispiace», balbettai alzandomi.

Il signor Mukherjee incombeva su di me. Con quelle lunghe gambe ci dominava tutti, e le grandi orecchie, quasi da coniglio, ogni tanto gli si muovevano appena. Si rivolse alla classe con un sorriso.

«Cosa ci facciamo recitare oggi da Bilal?».

Udii una risata soffocata, poi qualcuno suggerì: «*Aloo Bolaa* (La patata dice)».

Il signor Mukherjee fulminò la classe con lo sguardo

per aver osato suggerire una filastrocca da bambini, e si rivolse a me.

«Cosa ne pensi, Bilal?».

Mi guardai attorno nella piccola aula. Eravamo quasi una quarantina di ragazzi pigiati in quella stanzetta. La maggior parte di noi non possedeva neppure una penna, e molti non sapevano leggere da soli. Quasi nessuno avrebbe terminato gli studi. Per quanto il passato fosse glorioso, il presente non aveva nulla a che vedere con la gloria, ma era tutto concentrato sulla sopravvivenza.

«Posso cominciare, Masterji?».

Il signor Mukherjee mi guardò e sorrise. Era un brav'uomo, e sapeva che mio padre mi insegnava parecchie cose. Spesso restavo dopo le lezioni, e mi mostrava brani e poesie scritti da lui. Il signor Mukherjee era l'unico maestro della città e non aveva nessuno con cui parlare, a parte mio padre. Nonostante il turbamento che sentivo dentro, non volevo deluderlo.

«Sì, certo, Bilal. Comincia pure».

Mi schiarii la voce, come il mio bapuji mi aveva insegnato a fare prima di recitare qualcosa, e iniziai.

«Dove la mente non conosce paura e la testa è tenuta ben alta;
dove il sapere è libero;
dove il mondo non è stato frammentato entro anguste mura domestiche;
dove le parole sgorgano dal profondo della verità;
dove lo sforzo incessante tende le braccia verso la perfezione;
dove il limpido fiume della ragione non ha smarrito la via nell'arida sabbia del deserto delle morte abitudini;
dove tu guidi innanzi la ragione verso pensieri e azioni sempre più ampi in quel cielo di libertà, Padre, fa che il mio paese si desti[1]».

[1] *Dove la mente non conosce paura* di Rabindranath Tagore. Composizione tratta da *Poesie. Gitanjali – Il Giardiniere*, Newton Compton, Roma, 2010. Traduzione di Girolamo Mancuso (*n.d.t.*).

Quando ebbi finito, il signor Mukherjee mi osservò compiaciuto. «Perfino Tagore sarebbe stato fiero della tua recitazione», dichiarò, dandomi dei colpetti sulla schiena.

Bapuji mi aveva insegnato quelle parole fin da subito, quando avevo imparato a parlare. Mi erano sempre parse molto belle, ma quel giorno le trovai vuote, senza significato.

La giornata fu interminabile: il signor Mukherjee decise che facevamo troppo rumore e che un po' di matematica, al pomeriggio, ci avrebbe calmato. Mentre scriveva sulla lavagna, udii un gridolino acuto alla mia sinistra, e voltandomi vidi il piccolo Jamal con una mano sulla testa. Mi avvicinai strisciando e lo afferrai per un braccio.

«Cos'è successo?»

«Qualcosa mi ha colpito in testa», replicò, massaggiandosi furiosamente e assumendo un'espressione dolorante.

Cominciai a guardarmi intorno in cerca di un sassolino, spingendo via gli altri ragazzi. Jamal pensò che si trattasse di un gioco e mi montò sulla schiena. Credendo che mi avesse aggredito, Manjeet gli saltò addosso. Saleem, invece, che amava i numeri, rimase bello concentrato finché qualcuno non gli toccò una spalla, e si voltò appena in tempo per vedere il grosso Suraj che gli piombava sopra, schiacciandolo. Nel frattempo avevano tutti deciso che saltarsi addosso era molto più divertente che imparare i numeri, e la classe prese le sembianze di uno stagno pieno di rane saltellanti. Io ero sotto al mucchio, e continuavo a cercare il sassolino. D'un tratto lo vidi e sgusciai fuori strisciando da quella montagna di corpi.

Manjeet mi vide avviarmi alla porta e mi fece un cenno d'intesa. Aspettò che uscissi, poi cacciò un grido, obbligando così il signor Mukherjee a voltarsi. A quel punto Manjeet sorrise e saltò sulla schiena di Suraj, che nel frattempo teneva bloccato Jamal sotto di sé. Il signor Mukherjee urlò alla classe di smetterla, ma ormai le rane saltavano in modo incontrollabile e io riuscii a scappar via, certo che nessuno si sarebbe accorto della mia assenza. Corsi verso casa e a metà strada fui intercettato da Chota. Aveva un gran sorriso stampato sulle labbra e mi colse di sorpresa. Ci piegammo entrambi con le mani sulle ginocchia, ansimanti come cani.

«Che c'è?», chiesi.

Chota trasse qualche respiro profondo e tossì. Aveva fumato di nuovo. Scossi il capo, mi avvicinai e gli massaggiai la schiena. Alla fine riuscì a raddrizzarsi.

«Rajahwallah, l'uomo delle medicine. Sta venendo da te».

Dissi a Chota di tornare alla sua posizione strategica e ripresi a correre. Rajahwallah era ancora a una strada di distanza da casa quando lo raggiunsi; gli piombai davanti, spaventandolo.

«Bilal! Cosa stai facendo?».

Mi stampai un sorriso sulle labbra. «Stavo venendo da voi a prendere le medicine. Non vi ricordate?».

Rajahwallah pareva un po' confuso e sbuffò. «Credevo fossimo d'accordo che venivo io a portare le medicine e a spiegare al tuo bapuji come e quando deve prenderle. Questo me lo ricordo».

«No, no, avevate detto che avreste spiegato tutto a me, e mi avete chiesto di venire a prendere le medicine verso quest'ora. Se lo spiegate a lui, probabilmente si dimenticherà di prenderle, sapete bene quanto è distratto». Continuai a sorridere.

Rajahwallah aggrottò le sopracciglia, poi alzò le spalle.

«Be', tanto ho altre consegne da fare. Ecco. Devi mescolare la polvere con l'acqua finché non diventa una pasta. Assicurati che la prenda tre volte al giorno. Se hai problemi, vieni da me». Detto questo, si voltò e tornò sui suoi passi, in direzione del mercato.

Mi cancellai dal viso il sorriso di circostanza e ne feci uno vero. Tornando indietro passai davanti al tetto, e vidi Chota che mi guardava da lì con i suoi denti bianchissimi. Gli mostrai i due pollici verso l'alto. Lui si sporse dal bordo dell'edificio per salutarmi agitando la mano. Rischiò di cadere, ma riuscì ad aggrapparsi e riprese a ridere. Il mio stratagemma funzionava! Era l'unica cosa che contava, e l'aiuto dei miei migliori amici significava tutto per me.

Cinque

Più tardi, quel giorno, ci ritrovammo sul tetto all'ora del tramonto a guardare gli ultimi carretti trainati dagli asini che venivano caricati di mercanzia per il lungo viaggio di ritorno verso villaggi e città. Era il momento della giornata che preferivo: stare lì seduto sul tetto a osservare l'attività del mercato che rallentava poco a poco, mentre i rumori delle bancarelle andavano pian piano attenuandosi. Da lì si vedevano bene i venditori che con rapida efficienza esponevano i propri prodotti e li rimettevano via. Bapuji una volta mi aveva spiegato che ogni bancarella era trasmessa di bapuji in figlio e che molte di esse erano sempre appartenute alla stessa famiglia fin dalla nascita di quel mercato, più di duecento anni prima. Ci ripensavo spesso. Avevo solo tredici anni, e mi sembravano moltissimi; duecento anni mi parevano un periodo addirittura spaventoso, non riuscivo neppure a concepirlo. In quel momento, poi, non riuscivo neanche a pensare a due giorni dopo. L'anno precedente, quando Bapuji stava bene, avevo nutrito dei sogni per il futuro. Avevo immaginato di seguire le sue orme e di diventare uno degli organizzatori del mercato. Era un lavoro entusiasmante: incontravi gente di posti diversi, tutti conoscevano il tuo nome e ti chiedevano di risolvere controversie commerciali, economiche e comunitarie. Bapuji e suo padre prima di lui avevano lavorato come organizzatori al mercato, e io ero pronto a seguire le loro tracce.

E adesso che Bapuji sta morendo, chi mi insegnerà quello che devo sapere? Scossi il capo per togliermi quel pensiero dalla mente, ma non se ne voleva andare. *Potrò almeno stare qui per occuparmi del mercato? Quando Bapuji non ci sarà più, anch'io me ne dovrò andare. Qualcuno si ricorderà ancora di me qui non dico tra duecento anni, ma tra quattro?* Strinsi i pugni perché i crampi allo stomaco erano tornati, facendomi piegare in due.

«Bilal, Bilal, stai bene?».

Manjeet e Saleem erano lì accanto con un'espressione preoccupata. Aprii gli occhi e vidi il turbante arancione di Manjeet che si stagliava contro le ultime luci in cielo. Mi prese per un braccio e mi aiutò a raddrizzarmi.

«Sto bene, sto bene. Sono solo un po' stanco», replicai. «Chota, vieni qui e piantala di fumare!».

Chota, colto in flagrante, spense la sigaretta e venne da me.

Ci accovacciammo tutti e aprii un pacchetto di manghi che avevo avuto da Satram in cambio di qualche matita. Manjeet estrasse un coltellino e cominciò a tagliarli a pezzetti, mentre Chota si prese un mango intero e cominciò a succhiarlo a un'estremità. Saleem gli mollò uno scappellotto. Chota amava molto allungare le mani, soprattutto su ciò che non gli apparteneva.

«Bene, il piano ha funzionato a meraviglia, ma cos'è successo dopo che me ne sono andato?».

Saleem e Manjeet si guardarono e scoppiarono a ridere. Poi, senza preavviso, iniziarono a saltare uno sull'altro. Chota, che non voleva sentirsi escluso, si infilò il mango tra i denti, saltò sulla coppia che si stava azzuffando e afferrò subito il turbante di Manjeet strappandoglielo. Dopo essere rimasto a guardare per qualche istante, alzai le spalle e mi buttai nella mischia, gettandomi su Saleem. Mentre calava il sole sulla città, chiunque avesse levato lo sguardo sul tetto avrebbe visto quattro ragazzini sudici e magri di altezze diverse legati insieme in un groviglio di gomiti e ginocchia appuntiti, che ridevano come matti, avvolti in una lunga, luminosa striscia di stoffa arancione.

Sei

Il mio piano funzionò per tutta la settimana senza incidenti, anche se ero angosciato dal pensiero che Chota potesse assopirsi e si lasciasse scappare qualche visitatore. Si addormentava spesso in classe, anche in mezzo a compagni che si spingevano e facevano chiasso. Il signor Mukherjee lo lasciava stare. Credo non sapesse decidere se era peggio quando Chota era sveglio o quando russava durante la recitazione di una poesia di Tagore.

Una sera confessai a Chota le mie ansie, e mi assicurò che non c'era da preoccuparsi: non si addormentava mai sul tetto perché al mercato succedeva sempre qualcosa – gente che urlava, una conversazione da origliare – e lui, comunque, aveva sempre con sé del legno da intagliare. Dalla cima del tetto si riusciva anche a vedere il cimitero, dove si svolgevano i combattimenti dei galletti. Sapevamo tutti che quegli incontri erano sanguinosi e brutali. Era lo zio di Chota a organizzarli, ma non avevamo il coraggio di assistervi. Non ancora, almeno. Chota adottò la sua posizione abituale, seduto sull'orlo del tetto, con le gambe che penzolavano e in bocca un filo di paglia.

Mentre lui faceva la guardia, decidemmo di metterci a giocare a carte. Dal mercato ci arrivavano delle zaffate di spezie e di carne. Mentre decidevo la mossa successiva, udii lo stomaco di Manjeet brontolare rumorosamente. Saleem si rotolò a terra dalle risate, facendo cadere le carte.

«Sembra che tu abbia una tigre affamata lì dentro, Manjeet!», ridacchiai.

«Un tigrotto, vorrai dire», precisò Saleem.

«Ridete quanto volete, ma non ho mangiato niente tutto il giorno», replicò Manjeet premendosi la pancia con un sospiro.

«E quel mango che ti sei fatto fuori prima?», chiese Saleem.

«E quei due *chapatti* che ti ho visto mangiare a scuola?», domandai.

«Senza dimenticare la melagrana che ti ho dato io», aggiunse Chota da dietro.

Saleem riprese a torcersi dalle risate, lasciando cadere ancora una volta le carte.

«Sì, è vero, qualcosina ho mangiato», ammise Manjeet. «Tocca a te, Saleem».

Saleem raccolse le carte e le studiò attentamente. Poi, con un sorriso soddisfatto, esclamò: «Full!». Levò in aria le carte in modo che tutti potessimo vederle.

Manjeet mi lanciò un'occhiata e fece una smorfia.

«Aspetta un attimo», cominciai.

«Saleem, non puoi avere delle carte del genere. Durante l'ultima mano...», cominciò Manjeet.

«Di cosa stai parlando? Comunque sia, entrambi mi dovete un mango. Mi va bene qualunque varietà, basta che sia maturo e succoso», dichiarò Saleem.

«Aspetta», intervenni, guardando i piedi di Saleem.

«Cosa c'è?», volle sapere lui.

«Cos'hai sotto il *chappal*?», chiesi.

«Quando hai fatto cadere le carte...», disse Manjeet, spingendo via il piede di Saleem e rivelando una carta.

«Manjeet, tienilo fermo, per favore, mentre cerco una

canna di bambù con cui picchiarlo», dichiarai mentre mi alzavo.

Manjeet afferrò Saleem e cominciò a fargli il solletico.

«Aaah! Devono essere cadute dal mazzo, io non ho barato. Aaah! Smettila di farmi il solletico, Manjeet, bestione che non sei altro!».

Manjeet e io ci sedemmo su Saleem mentre Manjeet continuava a solleticarlo.

«Aaah! Lasciatemi! Manjeet pesa più di un asino! Lasciatemi!».

Ridendo cominciammo a saltargli addosso, su e giù: lo stuzzicavamo alzandoci e tornando subito a sederci.

Chota a un tratto ci interruppe.

«Ehi, credo che stia succedendo qualcosa al mercato, nella parte più lontana. Fate silenzio un attimo!».

Avvicinandoci a Chota, io e Manjeet guardammo sopra i tetti e vedemmo nella luce morente del giorno un gruppo riunito in una piazzetta alla periferia del mercato.

«Sembra che si siano coperti il viso. Che intenzioni hanno, secondo voi?», chiese Manjeet.

Se ne stavano tutti vicini vicini e sembrava discutessero animatamente.

«Non lo so, ma non buone, questo è certo», dichiarai.

«Andiamo a scoprirlo!», propose Chota, già sulle scale. Prima che potessimo fermarlo, scese di gran carriera e si precipitò verso la piazza.

«Quel piccolo... E adesso che facciamo?», domandò Saleem.

«Dobbiamo seguirlo, altrimenti finirà nei guai», replicai.

Manjeet fu il secondo a scendere dal tetto grazie alle lunghe gambe che gli permisero di fare le scale a velocità fulminea. Saleem lo seguiva, e io ero un passo indietro quando ci addentrammo nel dedalo di stradine. Riuscivamo appena a vedere la piccola sagoma davanti a noi che sfrecciava dentro e fuori dai vicoli. Il vantaggio di seguire qualcuno che conosci bene è che riesci spesso a prevederne l'itinerario. Tutti in città conoscevano il tragitto più breve per il mercato, e Manjeet seguì Chota senza problemi una curva dopo l'altra. A un certo punto, quando Saleem e io svoltammo l'angolo finimmo addosso a Manjeet, che si era fermato e, in scivolata, si era scontrato con Chota. Premendosi l'indice sulle labbra, Manjeet ci attrasse in una zona in ombra.

Si udivano delle voci appena sussurrate provenienti dall'altro lato del mercato, ma eravamo ancora troppo lontani per sentire qualcosa. Superai Chota e gli feci segno di seguirmi, passando da una macchia d'ombra all'altra. Gli uomini avevano scelto un punto ben nascosto e, se non fosse stato per il nostro nascondiglio sul tetto, non li avremmo mai visti. Dietro il mercato c'era una zona usata per buttare la spazzatura e scaricare le merci. Con le spalle rasenti al muro avanzammo lentamente, e ci sforzammo di capire cosa dicevano mano a mano che le voci diventavano più forti.

«Io dico di bruciarlo come gesto di protesta».

«Bruciarlo è un po' estrema come protesta».

«Be', ma se non fosse estrema che protesta sarebbe?».

«E se invece ci limitassimo a spaccare qualcosa e a fare un po' di confusione?».

Ora che, costeggiando il muro, ci eravamo avvicinati all'imboccatura della piazza, li sentivamo bene. Chota, accanto a me, era impaziente, e cercava di sporgersi per vedere dietro l'angolo. Tenendolo fermo con un braccio, tentai di sentire cosa dicevano. Il sole era scomparso, lasciando il posto a una luna luminosa.

«Sentite, dobbiamo fargli capire che non ci arrenderemo. Prima ci liberiamo della feccia musulmana, meglio sarà per tutti noi. Stanno uccidendo i nostri fratelli e sorelle indù in tutta l'India. Dobbiamo reagire!».

Con gli occhi sgranati mi voltai per vedere se ero stato l'unico a udire quei discorsi. L'aspetto sconvolto dei visi mi confermò che anche loro avevano sentito, e Saleem mi stava facendo dei segni frenetici cercando di afferrarmi la mano. Chota riuscì a liberarsi dalla mia stretta e fece capolino dietro l'angolo.

Le voci proseguirono in tono sommesso.

«Sei sicuro che dovremmo farlo? Non ho mai appiccato un incendio».

«Non è difficile, sai? Intingi uno straccio nell'olio, lo ficchi in una bottiglia e lo getti dentro. Facile».

«E se c'è qualcuno?»

«Come ho detto, siamo qui per fare una denuncia. Niente è più efficace come denuncia di un corpo bruciato, ben carbonizzato...».

Bruciare vivo qualcuno! Il solo pensiero mi diede il voltastomaco e mi provocò dei crampi alla pancia. Dovevamo andarcene da lì. Chota ritrasse la testa e restammo tutti completamente immobili. Le voci si erano ridotte a semplici bisbigli. Saleem era fuori di sé e trascinò Manjeet qualche passo più in là. Sollevando una mano, gli feci segno di aspettare. Se avessimo potuto scoprire chi o cosa volevano bruciare, potevamo almeno avvertire qualcuno. Allungando il collo per sentire, udii dei suoni attutiti, come se il gruppo si stesse allontanando. Sentendo Chota agitarsi alle mie spalle, lo afferrai per un braccio perché smettesse di muoversi, ma lui non cessava di divincolarsi e, girandomi irritato, mi accorsi che stava per sternutire. Gli presi il naso tra due dita e strinsi forte mentre lui si copriva la bocca, lasciandosi sfuggire un suono soffocato. Chota si rilassò e sollevò le mani sorridendo, ma poi, prima che potessi fermarlo, sternutì forte con un brusco sussulto del capo. Ci bloccammo tutti. Saleem ci guardò inorridito quando le voci tornarono a farsi sentire.

«Cos'era quel rumore?».

«Chi c'è?».

Spinsi Chota verso Manjeet e Saleem, e proprio allora udimmo dei passi che venivano nella nostra direzione.

«Correte!», gridai.

Partimmo a razzo verso il labirinto di stradine.

Sette

Dietro di noi sentivo gridare imprecazioni e bestemmie. Girando a sinistra e poi a destra, corremmo verso il nostro tetto, ma capii che non potevamo andare tutti lì: se volevamo sfuggire agli inseguitori dovevamo dividerci. Chota era davanti e gli diedi uno strattone alla camicia per farlo fermare. Manjeet e Saleem si fermarono di colpo qualche secondo dopo, con il fiatone.

«Dobbiamo separarci. Se ci dividiamo, sarà più difficile per loro prenderci. Chota, tu sali su un tetto prima che puoi e ci resti. Saleem, va' dalla parte opposta. Manjeet, scappa se ci riesci, ma non sembravano tanto più vecchi di noi, quindi se uno di loro ti prende mollagli un pugno e va' a casa».

«Sei sicuro che sia una buona idea dividerci?», chiese Saleem. «E tu?»

«Io me la caverò. Andiamo!».

Uscimmo tutti dall'ombra e ci rimettemmo a correre verso uno spiazzo. Sentendo degli urli alle nostre spalle ci separammo subito, poco prima di raggiungerlo. Manjeet girò a destra e Saleem a sinistra. Chota era già scomparso.

Corsi verso lo slargo, svoltando in qualche stradina prima di fermarmi per tendere l'orecchio. Continuare a correre alla cieca sarebbe stato sciocco, e non avrei potuto capire se qualcuno mi seguiva. Mi rifugiai in una rientranza del muro in ombra, mi fermai e mi piegai in avanti.

Respirando affannosamente, con le mani sulle ginocchia, guardai nell'oscurità. Cercai di cogliere qualche suono, mi raddrizzai e aspettai. *Niente. Probabilmente stanno inseguendo gli altri.* Proprio mentre stavo per uscire allo scoperto udii uno scalpiccio e una voce.

«Dove sei, piccolo verme? Ti ho visto nasconderti qui. Sappiamo che vi siete separati, e quegli schifosi dei tuoi amici probabilmente sono già stati presi. Dove sei? So che sei qui da qualche parte. Non vorrai restare nascosto tutta la vita, no?», mi schernì la voce.

Cercando a tentoni il muro dietro di me mi bloccai con il corpo in tensione. *Rifletti, Bilal, fatti venire un'idea!*

«Fatti vedere, verme, sto cominciando a perdere la pazienza. Se ti fai avanti forse avrò pietà di te, ma se devo venire a scovarti...».

La voce si era allontanata, verso l'androne alla mia destra. Dovevo approfittare di quell'opportunità.

«Vieni fuori, avanti, vermiciattolo. Ho qualcosa di buono per te. Mi hai già complicato la vita più del necessario, e quindi ti darò un regalino. Ti brucerò, e vediamo se ti piacerà il sapore delle fiamme sulla lingua...».

Senza aspettare che finisse, schizzai fuori buttandomi sulla sinistra, dove si apriva un varco buio. Il labirinto di vicoletti lì era più denso, e lo conoscevo bene. Udii la voce minacciosa imprecare dietro di me, ma era sempre più fioca, e seppi di avere un po' di tempo. *Non basta. Ha visto dove andavo e prima o poi mi raggiungerà.* Le stradine ormai erano deserte e oscure. La voce che sentivo era nella mia mente oppure il mio inseguitore stava davvero arrivando? Il dubbio mi assillava, così mi girai per guardarmi alle spalle. Respirando affannosamente incassai la testa tra le spalle e cercai di mantenere quel vantaggio. *Ti prenderò, vermiciattolo. Sono proprio dietro di te. Puoi svoltare o nasconderti quanto vuoi, ma sento il tuo odore.* Il sudore mi colò negli occhi, facendoli bruciare. Sbattei forte le palpebre scrollando il capo. Il suono del mio respiro ansimante era l'unico rumore che udivo, assordante. Rallentai: il sangue mi pulsava in testa, annebbiandomi la vista, e le fitte ai fianchi erano diventate lancinanti. Dovevo riposarmi un momento, così mi appoggiai a un muro e aspettai.

Rimasi perfettamente immobile, e con gli occhi seguii ogni ombra e ogni androne, pronto a cogliere un eventuale movimento improvviso. *È già qui. Ho sentito la sua voce, no?* Sentendo il bisogno di muovermi di nuovo, staccai lentamente la schiena dalla parete e mossi qualche passo. *Cos'era quel rumore? Veniva da destra.*

Ingoiando grosse boccate d'aria, corsi nell'oscurità senza ben sapere dov'ero, mentre con gli occhi frugavo le case e i muri in cerca di luoghi familiari. Corsi per gli stretti vicoli più veloce che potevo, rischiando di cadere, alla ricerca disperata di un punto di riferimento. La voce aveva ripreso a rimbombarmi in testa. *Ah, pensi forse di potermi sfuggire? Stupido vermiciattolo. Vuoi giocare con me? Sono proprio qui dietro.* Mi guardai alle spalle e notai un movimento nell'ombra. Incespicando mi buttai in un vicoletto e finii addosso a qualcuno. Cademmo entrambi ma ci rialzammo subito. Feci un passo indietro. Stringendo i pugni, digrignai i denti, pronto a combattere. *Non mi arrenderò così facilmente.*

«Bilal, sono io, Chota. Va tutto bene, sono io, puoi abbassare la guardia».

Chota avanzò di un passo sorridendo e scosse il capo.

«Quegli idioti non riuscirebbero ad acchiappare neppure un asino zoppo», commentò, scoprendo i denti in un'espressione di sfida. «Vieni, andiamocene da qui».

«Dobbiamo assicurarci che Saleem e Manjeet siano riusciti a scappare anche loro», dissi.

Guardandomi per l'ultima volta alle spalle nel dedalo oscuro, lasciai che Chota mi trascinasse via, facendo del mio meglio per ignorare il suono che ero sicuro di sentire: i passi dei nostri inseguitori dietro di noi.

Otto

Arrivato a casa rimasi fuori, nella strada silenziosa. Andai a prendere un secchio d'acqua, mi lavai la faccia e me lo rovesciai in testa. Il freddo mi penetrò nelle ossa. Sentii le goccioline d'acqua che mi scivolavano sul corpo. Mi accovacciai, abbracciandomi le gambe, mentre la pelle mi si raffreddava, facendomi rabbrividire. Mi fece bene. *Non puoi bruciare se sei bagnato.*

Lanciai uno sguardo verso casa: la luce calda mi attirava, dandomi il benvenuto. Entrai, chiusi la porta, e mi sentii ancora una volta al sicuro. All'improvviso lo stomaco si mise a brontolare e mi fece tornare in mente Manjeet, poco prima, e quanto ci avesse fatto ridere. Poi, nel giro di poco tempo, era cambiato tutto. Mentre andavo in camera per controllare come stava Bapuji che dormiva, mi premetti le mani sulla pancia. Tutto era cambiato, ma lì, in quel momento, tutto era rimasto uguale. *Fa' che rimanga così. Non permettere che cambi qualcosa anche qui.*

Lo stomaco mi brontolò di nuovo e decisi di cuocere un po' di riso. Era l'unico cibo che Bapuji riusciva a inghiottire facilmente e a non rimettere, anche se dovevo comunque obbligarlo a mangiare.

Era una sera mite, e riuscivo a cogliere gli odori dei diversi cibi cucinati nella nostra stradina. Sentivo il pesce che Anjum-bhai cuoceva sui carboni ardenti di fronte a casa nostra, e sapevo che Manu-bhen, nella casa accanto, cucinava il *daal*, perché lo preparava quasi ogni giorno, meno il martedì quando si lavava i capelli. Suo marito si lamentava sempre delle eruzioni della sua pancia, dovute secondo Bapuji al fatto che la moglie non apprezzava la poca voglia di lavorare del marito e gli preparava il *daal* come punizione. Bapuji diceva anche che la moglie di solito dormiva con i figli nella casa di sua sorella, lì accanto, e si tappava il naso facendo smorfie. Entrambi ridevamo al pensiero di Anand-bhai che viveva dentro una nube tossica.

Amavo passare la serata con Bapuji, anche se ormai si stancava presto e si addormentava mentre gli leggevo qualcosa. Quando Bapuji cominciava a confondersi mentre raccontava una storia facevo finta di niente, ma lui sembrava sconvolto dal fatto di aver rovinato il racconto o si arrabbiava con se stesso perché i pensieri e i ricordi gli sfuggivano. Ora, quando chiedeva se volevo sentire una storia, ne sceglievo apposta una corta in modo che riuscisse a finirla, e poi gli leggevo qualcosa finché non si addormentava. Anche così, però, Bapuji era il miglior narratore di tutta la città, e il motivo – come non si stancava di ripetermi – era che le sue storie avevano uno scopo particolare: «Una storia deve restarti impressa per molto tempo dopo che il narratore l'ha finita. A quel punto, come a un giro di chiave nella serratura, la porta si apre e ti trovi davanti tutto quello che hai imparato».

Si mise faticosamente a sedere sul letto e mi permise di dargli da mangiare il riso molle. Tra un boccone e l'altro mi fece delle domande sul mercato, su Doctorji e su quello che il signor Mukherjee ci stava insegnando in classe in quel periodo. Domandò se tenevo ancora l'orologio d'argento nel taschino (me lo chiedeva sempre) e rise quando gli confermai che lo guardava continuamente borbottando tra sé. Gli ricordai anche che aveva proprio delle orecchie da coniglio, e poco ci mancò che Bapuji si rovesciasse addosso la scodella di riso.

Preparai del *chai* dolce bollente e mi sedetti ai piedi del letto spiegazzato. Mi riempii la bocca del liquido caldo e registrai la scena di quella sera. Volevo ricordarla esattamente com'era, sperando che la memoria non mi tradisse. Mai. Bapuji mi aveva parlato dei potenti apparecchi fotografici che immortalano momenti della storia e del tempo per mostrarceli poi in libri e giornali, e questo mi suggerì un'idea.

Se era in grado di farlo un apparecchio fabbricato dall'uomo, potevamo riuscirci anche noi. Dopo essermi preparato mentalmente, sbattei le palpebre e scattai qualche foto. Il luccichio negli occhi di Bapuji. Gli odori che entravano dalla finestra. Perfino Anand-bhai che dormiva nella nebbia del *daal*. Scattai le istantanee chiudendo e riaprendo gli occhi e archiviai tutto. Bapuji mi vide e mi chiese se stavo bene. Invece di rispondergli, gli feci un'altra domanda che mi assillava da un po'.

«Che mi dici del destino, Bapuji? Tu credi nel destino?».

Qualche giorno prima, in classe, il signor Mukherjee aveva definito il destino come qualcosa che sfuggiva al nostro controllo e aveva chiesto: «Secondo voi le nostre vite sono già programmate? E, in questo caso, significa che dobbiamo stare a guardare e lasciare che seguano il loro percorso?».

Bapuji mi guardò. Era come se gli si fosse acceso un interruttore in testa. Gli occhi gli brillarono come rubini alla luce tenue della candela, e si raddrizzò ancora un po', sedendosi meglio. Riuscivo quasi a sentire l'energia che emanava da lui. Gli strinsi la mano. Lo adoravo quando era così, vivo e animato, pronto a schizzare in cielo come un fuoco d'artificio.

«Vorrei raccontarti una storia, figliolo. Sul destino».

Con una smorfia di dolore ma con un'espressione di piacere puro dipinta in viso, cominciò a raccontare.

* * *

Un mercante stava facendo la sua solita passeggiata mattutina in riva al mare quando vide un uomo accovacciarsi sulla spiaggia e riempire di sabbia una tazza. Mentre il mercante lo guardava, l'uomo vuotò il contenuto della tazza su una montagnola di sabbia accanto a sé e ricominciò a riempirla. Il commerciante andò da lui e gli chiese cosa stesse facendo.

«Sono il Destino», disse l'uomo. «Sto misurando il cibo che ogni uomo riceverà oggi».

«Sei davvero capace di farlo?», chiese il mercante. «Allora ti sfido a privarmi del pranzo, oggi».

«Come desideri», replicò il Destino.

Il mercante acquistò un pesce, lo portò a casa e lo diede a sua moglie. Poi andò a lavorare. Al pomeriggio tornò a casa e si sedette a tavola. Sua moglie gli mise davanti il pesce.

Il Destino aveva detto che mi avrebbe privato del pranzo, pensò l'uomo, *ma chi può impedirmi ora di mangiare questo pesce delizioso?*

E scoppiò a ridere. Sua moglie pensò che stesse ridendo del modo in cui aveva preparato il pesce e prese a rimproverarlo. Il mercante si arrabbiò, si alzò e uscì di casa furioso. Solo quando si fu calmato si rese conto dell'importanza di ciò che era accaduto: il Destino era riuscito a privarlo del pranzo.

* * *

Aspettai che la storia mi si fissasse in testa, come Bapuji mi aveva sempre insegnato a fare. Dopo qualche minuto lo guardai: mi stava osservando attentamente.

«Ho capito la storia, ma a che serve?»

«A che serve cosa?»

«A che serve cercare di fare qualunque cosa? Battersi se tutto è predeterminato? Perché provarci?».

Ma Bapuji si stava stancando così velocemente che smisi di parlare e lo esortai a sdraiarsi. Spensi le ultime candele e gli posai un bicchiere d'acqua accanto al letto. Gli accarezzai la testa finché non lo sentii respirare con regolarità; poi mi spostai sulla mia branda, nell'angolo. Mentre stavo per soffiare sull'ultima candela, Bapuji parlò.

«Serve per vivere, ragazzo mio. Vivi la tua vita, qualunque cosa accada, e lascia il resto al destino».

Restai immobile a letto. Mi vennero dei dolori tremendi alla pancia. Mi raggomitolai, cercando di ignorare il dolore. Il destino poteva anche giocare con la vita delle altre persone, ma non con la mia, non con me, decisi. Io controllavo il mio fato e avrei controllato gli eventi. Con quell'ultimo pensiero chiusi gli occhi e cominciai a passare in rassegna tutte le foto che avevo archiviato nella memoria.

Nove

Il mattino seguente, un tramestio mi indusse ad aprire timidamente un occhio. Era presto e non volevo ancora alzarmi, ma qualcuno continuava a grattare alla porta e, quindi, sollevai un po' di più una palpebra, pur rimanendo mezzo addormentato. Con mia soddisfazione, il rumore cessò e richiusi l'occhio.

Qualche secondo dopo, mi sentii delle mani addosso e mi svegliai di soprassalto. Completamente desto, strofinai gli occhi assonnati e mi trovai davanti mio fratello, Rafeeq, che si premeva un dito sulle labbra perché stessi zitto. Mi fece cenno di seguirlo e andò in punta di piedi nell'altra stanza. Borbottando sottovoce, volsi uno sguardo di rimpianto alla branda, poi raccolsi l'uniforme della scuola e lo seguii. Il fatto che mio fratello si presentasse così di punto in bianco e mi svegliasse a quell'ora del mattino non prometteva nulla di buono.

«Che c'è?», brontolai.

Mi guardò, aggrottò le sopracciglia ed estrasse un mozzicone di sigaretta fatta a mano e una scatola mezza rotta di fiammiferi.

«Lo sai che non devi fumare qui. Puoi provocare un incendio con tutti questi libri. Bapuji si arrabbierebbe se lo sapesse. Esci».

Lui mormorò qualcosa e si accinse a uscire. All'improvviso, però, scuotendo il capo, mi afferrò per il colletto e mi attirò a sé con uno strattone, trascinandomi fuori dalla porta mentre mi mollava degli scappellotti in testa.

«Lasciami in pace, asino che non sei altro. Smettila o ti do un morso», dissi tra i denti, cercando di non alzare la voce.

Mi girò e mi rifilò un calcetto nel sedere, poi si accese la sigaretta e si lasciò andare contro la parete di casa squadrandomi dalla testa ai piedi. Mi appoggiai al muro di fronte e lo studiai a mia volta.

Era passato almeno un mese, o forse più, dall'ultima volta che avevo visto mio fratello. Era tutto vestito di bianco e aveva un fazzoletto dello stesso colore stretto intorno alla testa. Cominciava ad avere un po' di barba sulle guance ma, come Bapuji, si radeva sempre i baffi. Il sole inondava di luce la facciata della nostra capanna. Mi fece un sorriso, ridacchiando del mio cipiglio che, secondo Bapuji, era identico al suo. Mi pareva quasi di sentirlo: "Siete così seri, tutti e due. Andate a bervi un lassi e datevi una calmata. La vita deve essere un piacere, non una penitenza". Lo fissai senza sorridere. Somigliava tanto a Bapuji, e scattai un'altra istantanea chiudendo e riaprendo gli occhi e la misi nel mio archivio, nel caso in cui non lo avessi rivisto per un altro mese.

«Come sta il vecchio?», domandò mentre spegneva la sigaretta e mi guardava con attenzione.

Lo fissai a mia volta con aria di sfida, di accusa. *Dove sei stato? Sta morendo, ecco come sta. Non ne ha più per molto. Non puoi passare a trovarlo e fargli compagnia per un po'?*

In realtà secondo me era un bene che non si fosse fatto vedere. Ogni volta che veniva a trovarci si metteva a discutere con Bapuji sugli ultimi avvenimenti in India, sulla religione e i suoi "nuovi amici". Bapuji li definiva fanatici. «La peggior razza di patrioti, perché pensano solo alla violenza». Abbassai la testa e mi osservai i piedi nudi e sporchi. Già, dopotutto era meglio che non venisse a trovarlo. Sollevando appena il capo, notai che mi stava ancora osservando con insistenza.

«Devi aver parlato con Doctorji. Sai bene come sta», ribattei in tono velenoso.

Mi fissò in viso, quasi cercandovi qualcosa.

Con un certo nervosismo distolse lo sguardo e si mise a cercare un'altra sigaretta. Poi smise di tormentarsi la camicia e fece un sospiro.

«Sta morendo. Lo so. Proprio come questo maledetto Paese. Sta cadendo lentamente in ginocchio, giorno dopo giorno».

Mi fissò con occhi torvi, tanto da farmi rabbrividire. Pareva volesse incenerirmi con lo sguardo.

«Bilal, presto qui non sarai più al sicuro. Devi fare attenzione e portare il vecchio lontano da qui. Tutti stanno scegliendo con chi schierarsi, e prima o poi si dovrà decidere: di là o di qua. Tutti dovremo prendere posizione. Lo capisci? Noi siamo musulmani e loro indù e sikh. Possiamo condividere lo stesso tetto, il cibo e parlare la stessa lingua, ma non siamo uguali».

Avevo ancora gli occhi assonnati e scossi il capo per svegliarmi. Il furore delle sue parole era terrificante.

«Bapuji non se ne andrà mai, lo sai benissimo. Mai. Sai come la pensa su ciò che sta succedendo. Lui...».

Bhai mi fissò incupito e fece di no col capo. «Crede ancora che la sua amata India ne uscirà indenne, non è vero? Ma guardati intorno, Bilal! Ti pare forse che questo posto sia uguale a prima? È cambiato tutto. Mentre parliamo quegli avvoltoi si stanno librando minacciosi su di noi. Presto scenderanno in picchiata per contendersi gli avanzi, la carcassa dell'India, ripulita da quelli che si definiscono uomini di pace, vecchi eruditi e politici, quelli che vengono chiamati i migliori. Io non posso accettare tutto questo. È ora di cambiare».

Incapace di sostenere l'intensità del suo sguardo, distolsi gli occhi e abbassai le palpebre. Non riconoscevo più mio fratello. Aveva la stessa passione, l'energia e la forza risoluta di Bapuji. Ma non provavo niente, mi sentivo vuoto. Smise di parlare e sputò per terra. Non avevo tempo per la sua rabbia: io la mia collera l'avevo soffocata, *perché non può farlo anche lui?*

«Senti, io devo andare a scuola», annunciai voltandogli le spalle.

Parve imbarazzato, non più rabbioso, come se non ricordasse più dov'era e perché. Gli passai davanti e lui abbassò il braccio per impedirmi di entrare in casa.

«Ho messo del denaro nella tua scatolina d'argento. Non so quando tornerò».

Dopo averlo salutato freddamente, gli scivolai sotto il braccio. Mi sentivo i suoi occhi sulla schiena, ma non volli voltarmi. Senza dire una parola, sentii che si allontanava lungo la strada. Feci capolino e lo vidi scomparire in un vicolo.

Un clangore assordante ruppe il silenzio del mattino quando il signor Mukherjee suonò la campana della scuola. Indossai l'uniforme in tutta fretta. Non potevo permettermi di essere arrabbiato con mio fratello; la prossima volta che l'avessi visto gli avrei detto di non tornare più. Non volevo che rovinasse tutto: avevo un piano e l'avrei portato a termine a qualsiasi costo.

Dieci

La giornata tipica al mercato cominciava appena prima dell'alba, quando la luce dorata del sole nascente si spandeva con dolcezza sulla città e i commercianti. Come sempre, c'era qualche asino che gironzolava ai margini del mercato ruminando un ciuffo di paglia, e dei cani rognosi in cerca di avanzi da mangiare. In un certo senso, vedere la gente che continuava a tirare avanti come se niente fosse mi suggeriva che forse Bapuji aveva ragione. In realtà non cambia mai niente. Gli eventi principali riferiti dai giornali o alla radio erano solo notizie: avevano una portata così vasta che era impossibile da afferrare. Non toccavano la gente normale come me o Bapuji, che voleva solo vivere felice vicino al mercato.

Passai veloce davanti all'anziano Pondicherry che sedeva come sempre all'ombra sopra una vecchia botte rovinata, alla periferia del mercato. Mi fece un fischio e mi chiamò. Era cieco come una talpa ma, misteriosamente, si accorgeva sempre quando gli passavo accanto. A volte, con gli altri ragazzi, ci avvicinavamo di soppiatto e, non appena gli eravamo proprio alle spalle, si girava di scatto e ci faceva prendere un bello spavento. Ridacchiava tra sé e sé e diceva: «Voi persone normali avete un numero limitato di sensi, ma io ne ho uno in più che voi non potete vedere». Non avevo tempo per fermarmi, così lo salutai con la mano e mi sentii subito uno stupido. Guardai indietro mentre correvo e lo vidi rispondere al mio saluto. Scossi la testa, confuso; aveva davvero un sesto senso!

Mentre mi precipitavo a scuola, feci una piccola deviazione per vedere se Chota fosse sul tetto.

«Chota! Chota! Sei lassù?».

Non ebbi alcuna risposta.

Preoccupato, lo chiamai di nuovo. Il signor Mukherjee stava per fare entrare l'ultimo degli scolari e dovevo proprio sbrigarmi. All'improvviso sul tetto apparve Chota con gli occhi appannati di sonno. Lo guardai con sollievo.

«Ti stavo aspettando. Dov'eri? Pensavo che fossi ancora a casa a letto».

Chota si stropicciò gli occhi con un'espressione perplessa.

«Perché avrei dovuto essere a casa a letto?», domandò facendo una smorfia.

Alzai le spalle. «Perché magari potevi esserti addormentato o non aver sentito la sveglia di tua madre. Che ne so».

Chota si stirò come un gatto e scosse la testa. «Non c'è pericolo che succeda, Bilal», puntualizzò mentre sbadigliava.

Lasciai perdere, non capendo cosa volesse dire.

«Non c'è pericolo, perché ho dormito sul tetto. Lo faccio da quando abbiamo escogitato il piano».

Lo fissai a bocca aperta.

Chota rise. «Non devi andare? Arriverai in ritardo a scuola. Ci vediamo più tardi». E dopo avermi salutato, tornò di vedetta.

Rimasto senza parole, mi girai e corsi verso gli ultimi rintocchi della campana arrugginita del signor Mukherjee.

Undici

Non appena ci fummo seduti tutti, il signor Mukherjee si alzò, apparentemente soddisfatto di sé. Aveva in mano il suo orologio e continuava a guardarlo.

«Sedetevi e cominciamo con la matematica».

Ci fu un mugugno generale. Cominciare con la matematica non piaceva proprio a nessuno, a parte Saleem, che sorrideva.

«Va bene, va bene, lo so, ma abbiamo del lavoro da fare, e se non ce ne occupiamo adesso dovremo aspettare fino a lunedì».

Suraj alzò la mano. «Perché non possiamo fare matematica questo pomeriggio, Masterji?».

Il signor Mukherjee si mise quasi a saltellare, incapace com'era di contenere il proprio entusiasmo.

«Perché, ragazzi miei, questo pomeriggio verrà a trovarci un ospite speciale».

Nella piccola stanza si levò un altro brusio ma, questa volta, dal tono diverso. Si era guadagnato tutta la nostra attenzione. Guardai Manjeet dall'altra parte della stanza e alzai le spalle. *Speciale come?*

Il signor Mukherjee si schiarì la voce. «Oggi, ragazzi miei, avremo un ospite molto speciale e dovrete comportarvi veramente bene. Se lo farete, la prossima settimana andremo un pomeriggio al *maidan* e giocheremo a cricket».

A quel punto la classe stracolma esplose in un boato di gioia. *Deve essere davvero speciale*, pensai.

Il signor Mukherjee ci zittì di nuovo e si infilò l'orologio in tasca.

«Questo pomeriggio riceveremo la visita di Sua Altezza Sanangpal Tamar, Principe della Corona di Jaisikander e ultimo erede della stirpe Rajput».

Nell'aula calò il silenzio. Il signor Mukherjee aveva già organizzato in passato visite di persone "speciali". Una volta era venuto Bapuji, che aveva portato dal mercato un assortimento di frutta e verdura, e Doctorji, che aveva visitato alcuni di noi con lo stetoscopio, ma mai un principe. Cominciammo a fare matematica, ma c'erano scintille di emozione nell'aria.

* * *

Sanangpal Tamar di Jaisikander, erede di un regno che esisteva da quattrocento anni, era un ometto basso che indossava le insegne regali tradizionali e portava con eleganza un grosso turbante bianco filettato d'oro. Attese sulla porta che il signor Mukherjee lo annunciasse, poi entrò guardando dritto davanti a sé e infine si girò a fissarci.

Il signor Mukherjee si affrettò a porgergli la sua sedia e il principe si sedette lentamente, tenendo la schiena dritta e il mento verso l'alto. Appoggiò il polpaccio destro sulla coscia sinistra, posandosi in grembo la spada *talwar* lunga e ricurva. Non appena si fece silenzio, ci rivolse un impercettibile cenno di saluto.

«Vivete in un palazzo con degli elefanti?», chiese subito Suraj.

Il signor Mukherjee saltò in piedi e stava quasi per fargli una bella ramanzina, quando il principe sollevò la mano per fermarlo. Il maestro tornò a sedersi e si accontentò di fulminare Suraj con lo sguardo.

«Sì, giovanotto, vivo in un palazzo ma non con gli elefanti. Quelli abitano per conto loro. Puzzano un po' troppo per viverci insieme».

Nonostante lo sguardo minaccioso del signor Mukherjee, la classe rise e cominciò a rilassarsi.

«Ragazzo, io vivo tra le montagne dell'India del nord, lontano da qui. È un luogo selvaggio ma bellissimo con viste mozzafiato, valli e gole. La gente è forte ma ospitale, sempre pronta a dividere con gli altri una tazza d'acqua fredda e dell'umile cibo. Non hanno molto da offrire, ma per loro l'ospitalità è sacra. Il mio palazzo domina la valle di Kanak ed è stato la residenza della mia famiglia per molti anni. Io sono il quarto Sanangpal Tamar e il sedicesimo principe di Jaisikander».

La classe sembrava incantata. Il principe stava seduto impettito e parlava in modo elegante e scorrevole di sé e della propria gente. Aveva un modo di fare particolare, che dava a ciascuno di noi l'impressione di essere da solo con lui, e sembrava completamente a suo agio in quell'ambiente polveroso e angusto.

Ricordai cos'aveva detto Bapuji su alcuni principi di diverse regioni indiane. Li aveva definiti «crudeli, vanitosi e corrotti», e riteneva che quel titolo nobiliare dovesse essere privato di ogni potere per restare legittimo. «Appartengono al passato dell'India, adesso invece è arrivata l'ora del popolo». *E guarda un po' con che bei risultati*, pensai. Lo fissai attentamente cercando segni di crudeltà, ma sembrava uguale a qualsiasi altro uomo, a parte l'eleganza nel modo di parlare. Inoltre non masticava tabacco e non si metteva a sputare. Aveva la barba ben curata, profumata di olio, e la sua *kameez* color panna era immacolata. Quello era il particolare più impressionante nella nostra sudicia città. Guardai la mia camicia e vidi una grossa macchia. La strofinai con la mano, ma peggiorai solo le cose. Il signor Mukherjee era raggiante e, quando il principe finì di parlare, si fece avanti.

«Bene. Chi ha delle domande intelligenti per il principe?», chiese, lanciando un'altra occhiataccia a Suraj.

Quello del maestro si rivelò un tentativo vano, giacché a tutti venivano in mente solo domande sciocche.

«Quanti rubini possedete?»

«Meno di un tempo».

«Avete delle tigri?»

«Le tigri non hanno padrone. Sono selvagge e hanno bisogno di vivere in libertà».

«Avete mai fatto uccidere qualcuno?»

«Solo i ragazzini che fanno domande sciocche», rispose il principe con un sorriso malizioso.

Il signor Mukherjee si guardò intorno disperato, finché non incrociò il mio sguardo e non sollevò il sopracciglio come per dirmi: "Bilal, chiedi tu qualcosa di furbo, presto!".

Mi preparai la domanda, alzai lentamente la mano e attesi che il principe mi vedesse in quella foresta di braccia protese. Rispose pazientemente a qualche altro quesito, poi mi vide. Puntò il dito verso di me e fece un cenno col capo. Mi schiarii la voce.

«Principe Sanangpal Tamar, il mio bapuji ha detto che i re e i principi sono spesso crudeli, vanitosi e corrotti. È vero?».

Al signor Mukherjee si mozzò il respiro. Il principe si raddrizzò sulla sedia e mi guardò dritto negli occhi.

«È una buona domanda, giovanotto. Re e principi sono stati spesso crudeli, vanitosi e corrotti, ma non tutti sono così. Molti si preoccupano della gente che vive nelle loro terre e amministrano la giustizia in maniera che ogni disputa si risolva nel modo più equo. Devono favorire il commercio e la ricchezza nel loro regno in modo che non prosperi solo la famiglia reale ma anche il popolo».

Il signor Mukherjee si era rimesso a sedere e non sembrava più così rosso in viso. Alzai ancora la mano e il principe mi invitò a continuare.

«Ma ora i re e i principi sono pochi. Cosa potete fare per aiutare la vostra gente? Che potere avete ora?».

Il volto del principe fu attraversato da un'espressione addolorata, ma si diede un contegno e parlò con chiarezza. «È vero che non abbiamo più il potere di una volta. I tempi sono cambiati, ma fino a quando sulle mie terre ci saranno persone che avranno bisogno del mio aiuto, io sarò il loro principe. L'India è cambiata e sta continuando a cambiare. Ma oggi sono qui per dirvi che voi siete il futuro dell'India, e porterete gli ideali di questa nazione ovunque andrete. Qualsiasi cosa accadrà nei prossimi anni, non dimenticatelo mai. Credo in tutti voi e voi dovete credere nella nostra Madre India».

Scese il silenzio in tutta la classe, e l'unico suono che si udiva era il ticchettio dell'orologio da taschino del signor Mukherjee. L'India aveva le ore contate? Avevo paura di pensare a cosa sarebbe accaduto se quel ticchettio si fosse fermato. Mentre il signor Mukherjee ringraziava il principe per la sua visita, mi appoggiai al muro e chiusi gli occhi. Principi, politici, poeti e storici. Non c'era nessuna differenza. Sapevano distribuire solo parole, suoni fatti per ispirare la gente e dare speranza. Bugie per farci stare meglio per un po'. Mi sembrava che, in un mondo pieno di bugiardi, l'eccellenza nel mentire fosse una dote necessaria. L'unica, forse, mi dissi quando aprii gli occhi e guardai il principe.

All'improvviso, udii strillare uno dei ragazzi che avevo davanti. Manjeet mi ruzzolò addosso e finimmo entrambi in un groviglio di piedi e braccia.

«Ma che succede?», gridai.

Mi fissò con un misto di paura ed eccitazione e indicò un punto al centro della stanza. Era a corto di parole. Mi feci largo e mi bloccai: vidi davanti a me, a non più di un metro, un serpente. Un cobra in carne e ossa! E come se non bastasse sembrava inferocito, e puntava uno dei ragazzi con i suoi movimenti ipnotici. Ma che ci faceva un serpente lì? Chi ce l'aveva messo? Solo allora capii. Chota. Era un diversivo! Stava arrivando qualcuno a casa. Guardai fuori dalla finestra proprio mentre volava dentro un sassolino. Erano tutti impietriti, incapaci di distogliere lo sguardo dall'ondeggiamento ritmico del cobra reale.

Mi precipitai fuori dalla porta senza voltarmi. *Non c'è tempo!*, pensai e corsi in strada.

Dodici

Chota mi stava aspettando fuori dalla scuola.

«Un serpente?», gli urlai.

«Sono i tre santoni! Sono quasi arrivati», esclamò Chota mentre mi correva accanto.

No! Sarà difficile liberarsi di loro.

Udimmo il rumore di passi alle nostre spalle e vedemmo Saleem e Manjeet che ci raggiungevano veloci. Senza fermarci, accelerammo verso casa. Io e Chota arrivammo prima dei tre santoni, seguiti a ruota da Manjeet e Saleem.

«Cos'è successo con il serpente?», chiesi loro.

«Il signor Mukherjee ha sgombrato la classe e ci ha detto di tornare a casa. Il principe è andato a una cerimonia al mercato», rispose Saleem.

Udimmo i passi che si avvicinavano lungo la strada. I tre santoni erano il reverendo James, il *pandit* Gohil e l'imam Ali. Nonostante le differenze tra loro, erano molto amici e giravano per il mercato rimproverando ciascuno i propri fedeli perché non andavano in chiesa, al tempio o alla moschea. «Fate finta di niente», sussurrai ai miei amici, e mi rivolsi ai tre religiosi.

«Che Dio ti benedica», esordì il reverendo.

«*Assalamu Alaikum*», disse l'imam.

«*Namaste*», concluse il *pandit*.

Sorridendo, cercai di impedire l'accesso a casa mia senza darlo a vedere. «Figliolo, siamo venuti a fare visita al tuo bapuji», disse l'imam cercando di passarmi davanti.

«È molto gentile da parte vostra», risposi io, senza spostarmi.

«Sì. La preghiera gli darà conforto», disse il reverendo.

«Ne sono sicuro, ma sono sorpreso che non abbiate saputo», dissi io, sempre appoggiato alla porta.

«Saputo cosa?», domandò il *pandit*.

«Ah, credevo che l'aveste sentito. È contagiosa».

«Contagiosa? Cosa?», chiese l'imam fermandosi.

«La malattia di Bapuji. È infettiva. Basta qualche secondo e la prendi», replicai.

«Prendere cosa?», domandò il reverendo confuso.

«È una cosa che ti divora la carne...», si intromise Saleem.

«Prima ti si stacca la pelle...», continuai io.

«E poi i capelli...», concluse Saleem.

«Comunque, siete i benvenuti», dissi invitandoli a entrare e aprendo la porta socchiusa.

«Forse è il caso che torniamo in un altro momento», decise il reverendo.

«Sì, probabilmente questo non è il momento appropriato», aggiunse l'imam.

«Digli che è nelle nostre preghiere», concluse il *pandit* mentre si allontanava.

I tre santoni si girarono e si dileguarono con passo veloce in un vicolo. Dopo essermi assicurato che fossero andati via, mi voltai e vidi Chota, Manjeet e Saleem piegati in due dalle risate.

«Non ho mai visto qualcuno darsela a gambe così velocemente», esclamò Saleem con le lacrime agli occhi.

«È stato proprio divertente», aggiunse ridacchiando Manjeet.

«Non so se ridere o piangere», replicai.

Tredici

Era già capitato che sovrani e principi visitassero la città, ma quando accadeva era sempre un evento. Immaginavo che anche in quel periodo travagliato la gente sarebbe stata emozionata e felice per la visita del principe, invece percepivo tensione tra la folla. Mi avvicinai al capannello di gente che lo circondava e avanzai verso di lui facendomi largo a gomitate. Il sindaco della città gli stava parlando animatamente di politica. Il principe sembrava annoiato e incrociò il mio sguardo. Bisbigliò qualcosa alla guardia del corpo che gli stava accanto e indicò verso di me. Mi guardai alle spalle per vedere chi stesse indicando e, quando tornai a voltarmi, mi vidi davanti quell'omone. Mi squadrò dalla testa ai piedi e mi fece un cenno con il pollice verso il principe.

«Il principe ti vuole parlare, ragazzo. Vieni con me».

Sentendomi un centinaio di occhi puntati addosso, senza volere feci un passo indietro, ma qualcuno tra la folla mi spinse tra le braccia della guardia. Mi girai per guardare storto il colpevole, ma fui subito scortato verso la zona dove erano riuniti gli anziani e i consiglieri. Il principe era su una sedia sormontata da un drappeggio di stoffa azzurra, e teneva la scimitarra *talwar* posata sulle gambe. Finì di parlare con il sindaco e poi si rivolse a me.

«Come stai, Bilal? La visita di questa mattina a scuola è stata piacevole. Ho scoperto che in questa regione ci sono tanti ragazzi brillanti, proprio come te».

Borbottai un ringraziamento e abbassai lo sguardo, intimidito, mentre un altro uomo veniva a stringergli la mano con energia. Ne approfittai per volgere lo sguardo sulla folla e vidi soprattutto volti torvi. *C'è qualcosa che non va.*

«Non abbiamo bisogno di altri principi», si udì mormorare tra la gente.

«Tornatene nel tuo regno, principe. Non abbiamo più bisogno di te qui», gridò un altro.

«Lascia governare il popolo».

«State dissanguando la gente…».

La folla stava diventando turbolenta e cominciò ad avanzare. Il sindaco si alzò e sollevò le mani invitando alla calma, ma le sue parole furono sovrastate dalle grida. La grossa guardia del corpo si parò davanti al principe e si portò una mano sul fianco. Indossava una giacca lunga. Aveva forse una pistola? Si alzarono anche altri consiglieri. Mi guardai intorno un po' spaventato, e notai un vicolino dietro di noi. Dall'altro capo della piazza giungeva il suono di piedi che correvano e di fischietti. *La polizia.* La folla ora spingeva in avanti in modo brutale, e la guardia del corpo si infilò la mano sotto la giacca.

«Aspettate!», gridai. Il principe si girò verso di me e fermò la mano della guardia.

«Che c'è, Bilal?», mi domandò.

«So come farvi uscire di qui. Non sparate a nessuno», risposi con gli occhi puntati sull'omone.

La polizia era quasi arrivata e, nel giro di qualche secondo, la situazione sarebbe degenerata. Il principe studiò la situazione e si alzò.

«Ok, giovanotto. Facci strada, ma senza correre», replicò con calma.

Quando l'arrivo della polizia distrasse la folla, ci inoltrammo nel vicolo, con la guardia del corpo che ci copriva le spalle. Camminavo spedito e mi calmai come mi aveva insegnato a fare Bapuji, aspettando che fosse il principe a parlare.

«Ti sono debitore, Bilal. Il signor Mukherjee mi ha raccontato molte belle cose sulla tua famiglia che ha tanto contribuito a far prosperare il commercio in questa città. Ho anche saputo che il tuo bapuji non sta bene, e ne sono sinceramente dispiaciuto». Me lo disse guardandomi negli occhi e, sebbene cercassi di fissarlo anche io, non ci riuscii. Invece, dissi d'istinto la prima cosa che mi passò per la testa.

«Sta morendo. Avrei dovuto proseguire la tradizione di famiglia, ma non potrà insegnarmi tutto quello che avrei dovuto sapere».

«Mi dispiace davvero che stia morendo, Bilal, ma tu imparerai comunque ciò di cui hai bisogno».

«E come? Lui sa tante cose, più di chiunque altro di mia conoscenza». Il principe mi guardò in tralice e sorrise.

«Il mio bapuji morì all'improvviso quando avevo quindici anni. Ero sconvolto, tutti lo eravamo. Era così forte, pieno di energia. Pensavo che sarebbe vissuto per sempre ma se ne andò così, in un attimo. Senza un addio. Niente. Giocavo con i soldatini di legno, e una settimana dopo mi sono trovato a capo di un regno e sposato».

Fui io allora a guardarlo. «Deve essere stata una settimana difficile», azzardai. Lui scoppiò a ridere gettando indietro la testa. «Tremendamente complicata! Io volevo solo giocare con i miei soldatini di legno, invece mi sono trovato a dover governare un regno. Ho odiato il mio bapuji».

Lo guardai sorpreso. *Odiato?*

«L'ho odiato perché mi ha abbandonato, perché mi ha imposto delle responsabilità alle quali non ero preparato e perché non è rimasto abbastanza a lungo da insegnarmi tutto ciò di cui avevo bisogno».

Io non odiavo il mio bapuji, non avrei mai potuto. Ma stava per lasciarmi e avevo bisogno di lui più che mai.

«Odiate ancora vostro padre?», gli domandai.

«No, e ho capito di non averlo mai veramente odiato. Ho comunque appreso ciò di cui avevo bisogno perché dovevo e perché ero figlio suo». Smettemmo di camminare e lui si voltò verso di me. «Sarà così anche per te, perché devi e perché sei figlio suo».

Annuii e mi sforzai di fare un debole sorriso. Continuammo a camminare fino a quando non ci fummo allontanati dal mercato e trovammo un angolino all'ombra dove sederci. Il principe mandò la guardia del corpo a rimediare delle bevande fredde.

«Il tuo bapuji ha tutta l'aria di essere una persona straordinaria, mi piacerebbe conoscerlo. Vivi qui vicino?».

Ebbi un crampo allo stomaco e mi alzai di scatto. Il sangue mi defluì dalla testa, facendomi barcollare. Il principe mi fece sedere e attese che mi riprendessi.

«Bilal, qual è il problema? Appena ho nominato il tuo bapuji sei impallidito. Perché?».

Aspettai che se ne andassero le macchioline che mi danzavano davanti agli occhi e sbattei rapidamente le palpebre. Il principe era in piedi davanti a me, preoccupato e perplesso allo stesso tempo.

Il principe vive lontano. Non fa niente se glielo dico, no?

Gli raccontai tutto. Del giuramento, dello stratagemma per evitare che la gente venisse a trovarlo e della mia determinazione a celare a Bapuji la verità. Il principe fece una pausa e si asciugò la fronte con un fazzoletto. Mi feci coraggio e lo guardai negli occhi, ma dove prima c'erano forza e determinazione vidi delle lacrime. Distolsi subito lo sguardo per paura di imbarazzarlo e imprecai tra me e me per essere stato uno stupido chiacchierone.

«Bilal, nessuno dovrebbe farsi carico di un simile fardello. Non vorresti ripensarci? La verità potrebbe dargli pace».

«No», esclamai deciso, scuotendo la testa.

Mi guardò ancora e annuì.

«Vorrei avere il tuo coraggio, Bilal. Però mi piacerebbe conoscerlo ugualmente e vedere che persona è il tuo bapuji. Ma non temere. Il tuo segreto è al sicuro con me».

Feci un cenno affermativo con la testa. Il gigante ritornò con le bevande fredde e ci incamminammo. Quando svoltammo l'angolo, trovammo Manjeet, Chota e Saleem, nervosi, in attesa davanti alla porta di casa mia. Ovviamente mi avevano visto dal tetto, e pur senza sapere cosa stesse accadendo erano lì per me, per ogni evenienza. Il cuore si mise a battermi forte, perché sapevo che erano davvero degli amici. Il principe sorrise loro.

«Questi devono essere i tuoi occhi e orecchie, vero, Bilal? Un gruppo dagli occhi di lince, direi». Poi, rivolto a me, il principe disse: «Mi piacerebbe parlare con il tuo bapuji da solo. Abbi fiducia in me».

Guardai Saleem, Manjeet e Chota e poi mi voltai di nuovo verso il principe. Annuii lentamente. «Mi fido di voi, principe», risposi, e aprii la porta.

Quando sua altezza riapparve, ci alzammo tutti e gli andai incontro ansioso, con il cuore che mi batteva forte in petto.

«Ha la febbre alta e non ha potuto parlare tanto, ma ha una memoria formidabile! Una cultura e una curiosità fuori dal comune, per un uomo e per un ragazzino», dichiarò con un sorriso. «Gli ho cantato una canzone che mia madre soleva cantarmi quando ero bambino, che parla delle vette dell'Himalaya e del volo dei signori di quelle alte cime, le aquile reali. Spero di avergli donato un po' di pace. Mi ha parlato anche di te, Bilal, e mi ha confermato ciò che avevo già capito su di te nel poco tempo passato insieme. Ora devo andare, figliolo, ma mi hai ricordato alcune cose che pensavo l'India avesse smarrito».

Dopo aver consegnato la scimitarra al suo uomo, il principe si parò davanti a noi e si inchinò con eleganza, toccando quasi terra con il turbante. Noi strascicavamo i piedi imbarazzati perché non sapevamo come rispondere, ma Manjeet fece un passo avanti e restituì l'inchino; non gli venne altrettanto bene, ma il tentativo fu lodevole. Chota quasi cadde imitandolo, ma si raddrizzò con l'aiuto di Saleem. Il principe e la sua guardia del corpo ci guardarono sorridenti. Chiusi e riaprii gli occhi per scattare un'altra istantanea di quella scena insolita: un principe che si inchina in un vicolino in mezzo alla polvere.

Quattordici

Promisi a Chota che lo avrei raggiunto più tardi sul tetto, e andai a vedere se Bapuji era ancora sveglio. L'oscurità della stanza mi tranquillizzava sempre; presi lo sgabello e mi sedetti accanto al letto di Bapuji. Sembrava stesse facendo un pisolino ma non ne ero certo, perciò mi avvicinai per sentirne il respiro.

«Bu!». Si mise seduto di scatto facendomi prendere un colpo. «Ah! Te l'ho fatta, eh?»

«Sì, davvero, Bapuji. Però ora stai tranquillo».

«Mah, sono stanco di stare tranquillo, Bilal. Ho bisogno di qualche emozione per mantenere vivo questo cuore».

Mi guardò in tralice. Sospirai. Era evidente che voleva dirmi qualcosa ma aspettava che fossi io a parlare. Sorrisi e incrociai le braccia sul petto. Sapevo già cosa sarebbe accaduto.

«Cosa c'è?», chiesi ridacchiando.

«Cosa c'è?», replicò Bapuji levando gli occhi al cielo in modo teatrale e gettando in aria le braccia. «Un principe di Jaisikander mi viene a trovare, mi canta una vecchia canzone di aquile e montagne e tu mi dici "cosa c'è?" Ah!».

Alzai le spalle e gli infilai un altro cuscino dietro la testa. Gli toccai la fronte con il dorso della mano e lui notò la mia espressione corrucciata.

«Smettila di preoccuparti, Bilal. Ora raccontami dove

e come hai incontrato un principe e come diavolo l'hai convinto a venire da me».

«Va bene, ti racconterò tutto se mi prometti di prendere la medicina adesso e di stenderti. Hai la febbre alta, e lo sai».

Bapuji sospirò e mi fece cenno di dargli la medicina. Presi velocemente dell'acqua per fargliela inghiottire. Bevve rumorosamente, con riluttanza, il farmaco. Mi assicurai che ne prendesse un'ultima cucchiaiata, sebbene mi guardasse torvo; poi parve rilassarsi e si appoggiò al mucchio di cuscini. Bapuji adorava l'aspetto rituale della narrazione almeno quanto il contenuto delle storie, perciò presi tempo grazie a tutti i trucchi che mi aveva insegnato: inserendo pause drammatiche ed esagerando l'azione in certi punti, arricchendo il racconto con la descrizione di colori, suoni e profumi. Bapuji chiuse gli occhi e si mise a dondolare impercettibilmente, con un sorriso leggero che gli incurvava gli angoli della bocca. Terminai la storia e andai a riempire il bicchiere d'acqua. Non mi ero reso conto di quanta sete avessi, lo bevvi d'un fiato e tornai a sedermi. Bapuji si stava sforzando di tenere aperti gli occhi nonostante la sonnolenza. La medicina funzionava rapidamente.

«Il principe mi ha parlato di te. Cosa gli hai detto?», domandò Bapuji.

«Gli ho parlato delle solite cose, del mercato e di noi. Devo avergli menzionato il nonno, nient'altro».

Mi misi subito ad affaccendarmi attorno al letto, per assicurarmi che Bapuji fosse ben coperto. Socchiuse gli occhi, ma la medicina stava facendo effetto e tutti i suoi sospetti sarebbero presto svaniti. Abbassò le palpebre e cominciò a respirare profondamente.

«È rimasto molto colpito da te, Bilal. Ho l'impressione che vorrebbe rapirti e portarti con sé nel suo regno lontano. Ti piacerebbe?».

Lo guardai in volto e mi alzai.

«Avete parlato di questo? Di mandarmi via?».

Bapuji aprì appena un occhio e fece una smorfia. «Avevi appena smesso di fare quell'espressione corrucciata, non ricominciare ora. Abbiamo solo parlato. Lo hai colpito davvero e ho pensato che saresti potuto andare a vivere con lui».

Mi girava la testa e dovetti sedermi di nuovo per riprendere l'equilibrio. *Ma che diavolo sta dicendo? Non lo lascerò qui. Come potrei?*

«Perché? Non voglio andare da nessuna parte con nessuno. Qui c'è tutta la mia vita. Noi veniamo da questo luogo, non è vero? Tu, Ma e Bhai».

Bapuji si voltò a fissare il suo muro di libri e si strinse addosso le coperte.

«Non stavo cercando di liberarmi di te, Bilal. Gli hai fatto un'ottima impressione e ho solo pensato… o forse non ho pensato». Bapuji sorrise con tristezza. «È difficile pensare in questo momento».

Feci un sospiro e tornai a sedermi sullo sgabello.

«Il nonno lo diceva sempre che tu prima fai le cose e poi le pensi…», lo presi in giro.

Bapuji fece una smorfia fingendosi offeso. «Sei fortunato che non posso muovermi, sennò ti avrei dato uno scappellotto».

Sollevai le coperte e mi distesi accanto a lui, aggrappandomi al suo braccio. Mi scostò i capelli dal volto e cominciò ad accarezzarmeli con dolcezza. Un attimo dopo mi addormentai.

Quindici

Quindici

Era tanto che non giocavamo a cricket e almeno dieci volte al giorno dieci ragazzi diversi avevano ricordato al signor Mukherjee la promessa fatta, perciò il martedì seguente annunciò che quel pomeriggio saremmo andati a giocare. I preparativi di una partita di cricket erano sempre movimentati, e cominciarono a circolare in classe bigliettini appena leggibili con proposte sull'ordine di battuta e su chi dovesse lanciare per primo. Il disaccordo su questi punti fu feroce, e il passaggio di bigliettini si intensificò, suscitando immancabilmente insulti e minacce su ciò che sarebbe successo se l'uno o l'altro compagno fossero stati inseriti nella lista dei lanciatori e così via.

Manjeet mi diede un colpetto con il gomito e mi passò una nota di Saleem che diceva: "E Chota?". Ridacchiai e scossi la testa. Era incredibile: spessissimo io e Saleem pensavamo la stessa cosa proprio nello stesso momento. L'idea che Chota passasse troppo tempo sul tetto mi preoccupava, anche se lui pareva contento.

Lo andavamo a trovare ogni giorno dopo la scuola, gli portavamo da mangiare e gli davamo il cambio affinché potesse andare a casa a trovare la sua famiglia. Lui si ostinava a ripeterci che tanto nessuno a casa si sarebbe accorto della sua assenza, ma lo facevamo andare comunque. Saleem si voltò, si indicò il petto con il dito e mimò con la bocca: "Ci andrò io". Risposi con un cenno del capo e tornai a sedermi. In ogni caso, Saleem non amava giocare a cricket e sarebbe potuto scappare via senza essere notato.

Il signor Mukherjee alzò le mani e chiese silenzio. Diede un'occhiata veloce al suo orologio da tasca e sorrise.

Ci fu un'esplosione di allegria in tutta la classe.

«Bene, ragazzi, è ora. Ho bisogno di volontari per portare mazze e *wicket*[1]. Alla palla ci penso io».

Si alzarono venti mani e il maestro scelse un paio di ragazzi seduti davanti. Sembrava più nervoso del solito. Scivolai accanto a Saleem e gli diedi una gomitata.

«Il signor Mukherjee non sembra di buonumore, Saleem. Sai a cosa sto pensando?».

Saleem mi guardò e scosse la testa. «No, a meno che non si tratti del mango maturo che ho nascosto sul tetto l'altra notte e che Chota troverà e mangerà». Fece una smorfia e aggrottò le sopracciglia.

«Dài, dico sul serio, Sal. Ho un brutto presentimento riguardo a questa partita di cricket».

Saleem fece un sorriso, ma non era uno dei soliti. Lessi preoccupazione nei suoi occhi, sebbene avesse cercato di nasconderla subito. Mi diede una gomitata per gioco e indicò il signor Mukherjee.

«Ti preoccupi sempre troppo. Assomigli sempre più al signor Mukherjee. Sempre nervoso per quello che accadrà. Cosa vuoi mai che succeda, Bilal? Divertiamoci e lasciamo il domani a, ehm… al domani».

Cercai di reprimere il disagio che provavo. Era difficile dire se Saleem fosse preoccupato, impaurito o persino un po' nervoso. Sembrava sempre felice e manteneva la calma in ogni occasione. Lo invidiavo per questo.

[1] Paletti di legno che sono posti alle due estremità del *pitch*, l'area più interna del campo (*n.d.t.*).

Uscimmo dalla scuola in un gruppo disordinato, sebbene il signor Mukherjee avesse fatto del suo meglio per metterci in fila per due. Il maestro chiudeva il gruppo, e cercava di darci una parvenza di ordine agitando le braccia e ripetendo ad alta voce le norme di buona educazione da rispettare quando si era fuori dalla classe.

Arrivammo facendo chiasso, in una nuvola di polvere, mentre le nostre voci si mescolavano con il chiacchiericcio costante del mercato. Notai il signor Pondicherry seduto sulla sua botte all'ombra che fumava la pipa. Mentre cercavo di vedere dove fosse il signor Mukherjee, passai a salutarlo. Questi alzò gli occhi e sorrise.

«Ah, Bilal. Come stai, figliolo?».

Sollevai le braccia al cielo e scossi la testa stupefatto.

«Ma come fate, signor Pondicherry?», domandai mentre mi annusavo la camicia. «Riconoscete il mio odore?».

Il signor Pondicherry tirò indietro la testa e fece una lunga risata da asmatico.

«Non posso rivelare tutti i miei segreti, no? State andando a giocare a cricket di nuovo?»

«È il premio per esserci comportati bene, o qualcosa del genere». Diedi un calcio a un grosso sasso che sbatté contro il muro e strascicai i piedi.

«Smettila di dare fastidio a quella dannata pietra, Bilal».

Alzai lo sguardo e lo fissai accigliato. Il signor Pondicherry mi puntò contro gli occhi senza luce mentre continuavo a dare dei calcetti al sasso. Era una strana sensazione guardarlo, perché sapevo che era cieco. Viveva in un mondo buio, anche se non avevo mai avuto la sensazione che non potesse vedere. Anzi, per me ci vedeva meglio degli altri. Mentre fissavo la pietra irregolare per terra, pensai tristemente che c'erano cose che era meglio non vedere.

«Lo sento che non stai bene, Bilal».

Ma come fa a capire sempre come sto?

«Bilal, ti devi liberare del peso che ti opprime il cuore. Non fa bene tenersi dentro un fardello così pesante, figliolo. Vieni a trovare il signor Pondicherry più tardi e vedremo se posso alleggerirti il cuore con una storia».

«Tornerò presto e farò attenzione».

Fu il signor Pondicherry ad assumere un'aria perplessa.

«E di grazia, dimmi, a cosa farai attenzione?».

Mi chinai per raccogliere il sasso e lo strinsi forte tra le dita. I bordi affilati mi premettero contro la pelle.

«Ai guai, cos'altro?».

Sedici

Era il momento più caldo della giornata e il *maidan* fuori dalla piazza del mercato era pressoché deserto. C'erano solo dei pazzi e degli indovini a parlare da soli sotto i raggi cocenti del sole. Quando avevo chiesto a Bapuji quale fosse la differenza tra i pazzi e gli indovini, mi aveva risposto in modo piuttosto sibillino che «in molti casi non c'è differenza»; avevo scosso il capo, meravigliandomi per la capacità del mio bapuji di essere sempre misterioso e di non darmi mai risposte dirette.

Tutto intorno al *maidan* polveroso, l'attività del mercato continuava incessante. Una partita di cricket rappresentava spesso una pausa gradita per i commercianti, che sospendevano qualche istante la vendita e lo scambio di mercanzie, ma notai immediatamente qualcosa. L'aria era carica di un'elettricità che non avevo mai avvertito prima. Stetti immobile a esaminare le bancarelle che mi circondavano. Dovetti aprire e chiudere gli occhi perché fui quasi aggredito dalla quantità di banchi, colori e odori. Mi feci ombra con la mano per abituarmi alla luce del sole e mi concentrai su alcune bancarelle che riconobbi subito. Anand era in piedi davanti al suo negozio di frutta per tenere d'occhio i prodotti. Sbattei le palpebre per assicurarmi che non fosse un'allucinazione. *Anand non sta mai in piedi.* Si lamentava sempre delle ginocchia che gli dolevano e si era fatto fabbricare uno sgabello speciale per sostenere la sua mole. Qualche bancarella più in là c'era Sandhu, seduto all'ombra, che teneva d'occhio le sue spezie e semi. Riuscivo appena a intravedere il suo turbante rosso scuro che, nella penombra dell'ingresso del negozio, sembrava color sangue. Accanto al piede teneva un bastone lungo e nodoso. *Sandhu non si siede mai.* Non si fermava mai, faceva ridere la gente che passava davanti alla sua bancarella, e non lo avevo mai visto con un bastone. Lo stomaco mi si contorse, scatenando dolori lancinanti che mi fecero digrignare i denti. Diedi un'occhiata alla nostra marmaglia, e vidi il signor Mukherjee che cercava senza successo di formare le due squadre.

Mi si avvicinò Saleem. «Siamo fortunati se riusciamo a giocare prima del tramonto, di questo passo». Vide la mia espressione e tacque. «Che c'è, Bilal? Cosa è successo?»

«Non è successo niente. Per il momento. Non riesci a sentirlo? È diverso dal solito. Anand è in piedi e Sandhu è seduto! È il mondo alla rovescia».

Saleem si accigliò e mi passò accanto. «Vieni e goditi la partita. Vado da Chota e lo faccio scendere. Spero solo che quel ladruncolo non si sia mangiato il mio mango».

Saleem se ne andò e un minuto dopo apparve Chota che ridacchiava come un matto. Mi voltai e vidi Saleem sul tetto che imprecava ad alta voce.

«Ho mangiato il suo mango. Andiamo, prima che cominci a tirarmi dei sassi!».

Salutai Saleem con la mano e mi gettai con Chota nella luce accecante del sole pomeridiano per unirmi alla partita. Manjeet era in piedi nel *crease*[1] che sorrideva. Anche senza il turbante, che lo faceva sembrare più grande di qualche centimetro, era sempre il più alto della classe.

[1] Area di lancio (*n.d.t.*).

Non avevo mai visto Manjeet con una camicia o un paio di pantaloni della misura giusta per il suo fisico dinoccolato. Sua madre si lamentava sempre che tutti i vestiti che gli faceva andavano bene per un giorno ma l'indomani già gli stavano piccoli. Il sole si riflesse sul suo turbante arancione quando lanciò l'ennesima palla alta sopra le nostre teste. Uno dei fattori determinanti per vincere era avere Manjeet in squadra, perché una volta che si piazzava davanti al *wicket* ostacolava completamente la visuale agli avversari.

Dopo molte trattative, qualche discussione e una ramanzina finale del signor Mukherjee, che ricorrendo alle minacce aveva persuaso le squadre a cominciare, era tutto pronto per la partita. Vidi Suraj a qualche metro da me che succhiava un mango. *Ha sempre qualcosa da mangiare.* Quando notò che lo stavo osservando, mi venne a offrire un po' di quel mango polposo che stava masticando. Alzai il palmo della mano per rifiutare e udii il tonfo pesante della mazza contro la palla. Mi voltai verso il *crease*, cercando di individuare la palla, e mi tranquillizzai quando vidi che era stata colpita nella direzione contraria. Tornai a guardare Suraj, che si era seduto e stava sbucciando con calma una banana.

Mi ero messo dove il *maidan* confinava con la piazza del mercato, e da lì riuscivo a sentire ciò che si diceva tra i negozianti. Captavo solo frammenti di conversazione, ma c'era qualcosa nel loro modo di parlare che mi teneva in ansia. Le loro parole avevano un sapore amaro, come quando addenti un mango marcio dal gusto cattivo, che hai assaggiato credendolo dolce come gli altri. Dall'espressione di molte persone, sembrava che avessero appena mangiato un mango andato a male. Parevano tutti nervosi, a disagio. Qualcuno strascicava i piedi e uno o due sembravano sul punto di chiudere il negozio. Manjeet batté forte un'altra palla alla mia sinistra, dandomi la possibilità di girarmi ancora verso il mercato a guardare. Fu allora che mi accorsi di diversi gruppi di persone e, sebbene il luogo brulicasse di gente, chi conosceva il mercato sapeva che gli assembramenti significavano qualcosa.

Distolsi lo sguardo dalla scena e andai verso il signor Mukherjee alla mia sinistra. Anche lui si era spostato ai margini del campo e stava in piedi, rigido, mentre Manjeet si preparava a ricevere un altro lancio. Scossi la testa per pensare ad altro e cercare di concentrarmi sulla partita. Vickesh si stava preparando ad affrontare Manjeet, ed era uno dei pochi che sapevano lanciare sul serio. L'unico problema era che spesso pensava di disputare un match internazionale invece di una partita amichevole in un *maidan* polveroso. Misurava con precisione la distanza, contando i passi con la massima attenzione. Quando si era preparato, si leccava l'indice per controllare il vento. Solo allora faceva un cenno al signor Mukherjee per avvisarlo che era pronto. Il primo lancio di Vickesh raggiunse una bella velocità e colpì il turbante di Manjeet, facendoglielo quasi cadere. Alzò la mano e abbozzò delle scuse: «Mi dispiace, devo regolare meglio il tiro».

Manjeet, dopo essersi sistemato il turbante leggermente storto, diede un'occhiataccia a Vickesh e strinse forte la mazza. Il lancio successivo fu un po' più preciso e parecchio più lento. Manjeet lo spedì prontamente in alto sopra le nostre teste in un vicolo, fuori della nostra portata. Chota schizzò in direzione della palla, finendo addosso agli altri ragazzi, e scomparve in una stradina.

Si sospese la partita, mentre una decina di persone, compreso il signor Mukherjee, cercavano un'altra palla.

Sapendo quanto tempo ci sarebbe voluto, me ne andai nella zona ombrosa del *maidan* e mi sedetti su una cesta rovesciata. Allungai il collo nel tentativo di individuare Saleem sul nostro tetto ma il sole me lo impediva, così mi voltai verso il mercato. Mentre mi riabituavo alla luce del sole, vidi un gruppetto che si staccava dai margini del mercato e camminava con passo spedito verso un altro drappello che si trovava nei pressi della bancarella di Anand. Mi alzai per vedere meglio, ma c'era un tale viavai di gente che non riuscivo a capire cosa stesse accadendo. Percorsi il bordo del campo e mi diressi verso i due gruppi. Avevo quasi raggiunto l'entrata del mercato, quando si materializzò un bastone che mi sbarrò la strada. Mi fermai di colpo e feci un passo indietro, preso di sorpresa. Il signor Pondicherry era seduto sulla sua vecchia botte e mi guardava in modo strano con i suoi occhi spenti, o piuttosto, non mi guardava.

«Pondicherry-ji, non avevo visto il vostro bastone», balbettai mentre mi teneva bloccato.

Il signor Pondicherry scosse la testa e si alzò cautamente.

«Perché non c'era fino a quando non hai deciso di passare, Bilal. È così che fai attenzione ai problemi? Andandoci incontro?».

Allungai il collo per studiare la folla e, con un sospiro, mi voltai verso il signor Pondicherry. Non serviva a niente mentire con quel vecchio: il suo magico sesto senso sentiva l'odore di un bugiardo a dieci passi di distanza.

«Ero solo incuriosito», gli risposi alzando le spalle.

Il signor Pondicherry si appoggiò pesantemente alle mie spalle e sospirò a sua volta.

«Proprio come il tuo bapuji. Cos'è che ti ha reso così nervoso?».

Mi arrampicai sulla botte e osservai dove si erano incontrati i due gruppi: sembrava che stessero volando parole grosse. Descrissi la scena all'anziano, che annuì.

«Succede spesso negli ultimi tempi tra quei due gruppi. Giovani pieni di rabbia, che si istigano a vicenda nell'oscurità dei vicoli e s'incontrano qui per sfogarla alla luce del sole. Tuo fratello è tra loro, non è vero?».

Con una smorfia, feci di sì col capo e sbiascicai una risposta inintelligibile. Vidi con la coda dell'occhio il signor Pondicherry che mi fissava e saltai giù per rimettermi alla sua altezza. Mi diede un colpetto con il dito.

«Ragazzo, non sto giudicando. Sono tempi strani. Tuo fratello è sempre stato una testa calda, uno che perde le staffe con facilità». Si trascinò di nuovo verso la sua botte e ci si appollaiò sopra, adagiando il bastone nodoso sulle cosce. «Per il momento si limitano solo alle parole. Preghiamo che non vadano oltre, almeno qui. Come sta il tuo bapuji?»

«Bene, sta bene. Gli dirò che avete chiesto di lui».

L'anziano mi fece un grugnito. «Ah! Non puoi mentire al vecchio Pondicherry, ragazzo! Va' a giocare e torna a trovarmi».

Camminavo guardandomi alle spalle per controllare cosa succedesse nel mercato, quando finii quasi addosso al signor Mukherjee che mi aveva visto conversare con il vecchio Pondicherry e mi stava venendo incontro per scoprire cosa stessi combinando.

«Bilal, che stai facendo?»

«Niente, Masterji, ero in difesa quando mi ha chiamato il signor Pondicherry».

Il signor Mukherjee incrociò le braccia e inarcò le sopracciglia.

«Oh, e come faceva a sapere che eri tu?».

Repressi un'imprecazione e cercai di restare impassibile.

«Non mi ha proprio chiamato, ha sentito dei passi e ha chiamato. Ho pensato che non si sentisse bene, e così sono corso da lui per vedere come stava».

Il maestro lasciò ricadere le braccia lungo i fianchi e fece una smorfia di disapprovazione. Sospirando, mi mise un braccio intorno alle spalle e mi accompagnò di nuovo al *maidan*. Era stata trovata una palla e sembrava che la partita potesse riprendere. Non c'era da sorprendersi che Chota non fosse ancora riapparso. Era pressoché impossibile mantenere il passo con il signor Mukherjee, e così mi ritrovai quasi a correre per compensare le sue lunghe falcate, mentre lui mormorava qualcosa tra sé e sé e controllava l'orologio da tasca. Non l'avevo mai visto così da vicino, e lo trovai bello da mozzare il fiato. Una cassa d'argento incisa racchiudeva il quadrante bianco con i numeri romani belli grossi e delle lancette lavorate che scandivano il tempo con eleganza. Il signor Mukherjee mi sorprese a fissare il suo orologio e se lo fece subito scivolare con agilità nella tasca del panciotto.

«Ultimamente ti stai comportando in modo strano, Bilal. Tu e i tuoi amici. Ne dobbiamo parlare, perché ho l'impressione che ci sia qualcosa che ti preoccupa e che, quindi, preoccupa anche me».

«Va tutto bene, Masterji», gli risposi guardandolo negli occhi.

«Io e te dobbiamo parlarne, e al più presto». Sapevo che diceva sul serio perché alzò il sopracciglio destro e scosse la testa.

Vickesh era pronto a lanciare e il signor Mukherjee gli fece cenno di continuare. Poiché non poteva sorprendere Manjeet con un lancio veloce né decapitarlo mirando alla testa, Vickesh cominciò a lanciare la palla più piano invitando così Manjeet a colpirla con forza, cosa che fece subito. La palla schizzò in alto nel cielo e finì direttamente tra le mani di Jaghtar.

«Out!», gridò Vickesh, che cominciò a esultare girando su se stesso come un derviscio.

Manjeet, visibilmente deluso, si incamminò verso la panchina proprio quando Chota apparve trafelato dietro di me.

«Chota, dove sei stato?», gli domandai dandogli una spintarella.

Lui, sorridendo, mi mostrò la palla in una mano e una melagrana nell'altra.

«La palla era finita su un tetto e così mi sono dovuto arrampicare sul muro di una casa. Ma una ragazza mi ha visto dalla finestra, ha cominciato a gridare e ha mandato suo fratello a prendermi. Grasso e lento com'era, non avrebbe acchiappato nemmeno un bue infiacchito!». Con aria soddisfatta di sé, estrasse un coltellino e tagliò il frutto in due. «Ah, e ho anche rubato questa dalla bancarella di Anand. C'era così tanta gente intorno che non se n'è accorto nessuno. Avrei potuto prendere ciò che volevo, Bilal, ma questa volta sono stato buono».

Incrociai le braccia mentre lo osservavo meravigliato. Era molto piccolo e magro, ma non mi sarebbe mai venuto in mente di considerarlo debole o indifeso. La camicia bianca gli arrivava fino alle ginocchia e i pantaloni neri erano strappati e gli mancava una tasca posteriore. Si stava abbuffando, staccando i semi con il suo coltellino, finché non si rese conto che gli stavo davanti con un'espressione seria.

Lui alzò le spalle e mi offrì una manciata di semi dicendo: «Sembri il signor Mukherjee quando fai quella faccia».

Punto sul vivo, allungai un braccio per cercare di mollargli uno scappellotto, ma era già fuggito fischiettando, con la palla stretta nel pugno levato come un eroe che ritorna. Poi annunciò con un mucchio di cerimonie che aveva portato melagrane per tutti, e se ne tolse cinque dalle tasche!

Una volta mangiate tutte le melagrane l'incontro riprese, e notai che l'atmosfera era meno tesa. Alcuni commercianti vennero a guardare e, al tramonto, si era radunato un piccolo pubblico. Vickesh era riuscito a eliminare quasi da solo la maggior parte della squadra di Manjeet, e ora toccava a noi battere. Vickesh e Jaghtar scalpitavano, e si diressero al *crease* come due campioni internazionali, roteando le braccia e simulando blocchi e *drive*[2] per scaldarsi. La piccola folla li applaudì, ammirandone la sicurezza, e io feci un sospiro di sollievo perché le cose stavano tornando alla normalità. Il sole era scomparso dietro ai tetti e il *maidan* divenne un luogo ombroso dove la gente veniva a passeggiare e rilassarsi.

Afferrai una mazza e simulai qualche battuta, suscitando l'ilarità della mia squadra che ridacchiava per i miei tentativi maldestri. Con un sorriso, appoggiai a terra la mazza e mi domandai dove fosse finito Chota. Non era un problema per me essere scarso a cricket, anche se ciò significava battere per ultimo e sapere che gli altri non si

[2] Lanci veloci (*n.d.t.*).

aspettavano che resistessi per più di qualche palla. Non ero mai riuscito a capire come muovere la mazza prima che rimbalzasse la palla. Manjeet aveva provato molte volte a spiegarmi che la preparazione del colpo era tutto, ma aveva perso le speranze. Sapevo come dovevo battere, riuscivo perfino a visualizzarlo nella mia mente, ma quando avevo finito di riflettere su ogni movimento la palla era già passata, e mi restava la frustrazione di sapere che non avrei mai imparato a giocare a cricket.

Vickesh e Jaghtar, contenti di avere un pubblico, giocarono bene, riducendo rapidamente il divario rispetto alla squadra di Manjeet. Mi alzai per vedere meglio il campo da gioco. All'improvviso sentii due mani coprirmi gli occhi e sorrisi.

«Saleem, riesco a sentire il puzzo delle tue mani a un miglio di distanza».

Mi diede una spinta per gioco e andò a sedersi con il resto della squadra, invitandomi a seguirlo. Restammo seduti in silenzio per qualche minuto ascoltando il tonfo del legno ogni volta che Vickesh o Jaghtar colpivano una palla. Con la coda dell'occhio, vidi Manjeet che si riscaldava e mi domandai se fosse ancora arrabbiato con Vickesh. Saleem mi si sedette accanto; intagliava un pezzo di legno mentre osservava la partita. La sua serenità era contagiosa e mi metteva a mio agio. Anche gli altri erano così, compresi Manjeet e Chota, che vivevano senza lasciarsi influenzare dagli avvenimenti o addirittura ignorandoli beatamente. Forse il mio giudizio era ingiusto: avevano solo scelto di vivere senza preoccuparsi di ciò che poteva accadere. Diversamente da me. Non aspiravano ad avere sempre tutto sotto controllo. Non pensavano in continuazione. Non cercavano di indovinare cosa li attendeva dietro l'angolo né di escogitare dei piani per tenersi pronti. Sempre pronti.

Manjeet era sceso in campo per lanciare e, dopo un breve conciliabolo con quelli che erano rimasti, Jaghtar e Vickesh avevano preparato una strategia: bloccare Manjeet e colpire tutti gli altri. Manjeet giunse al *crease* carico di un'energia repressa a stento, con il turbante rosso che, come una macchia fugace di colore, ne annunciava la venuta. La folla, divenuta nel frattempo più numerosa, si era resa conto sia della tattica scelta dai battitori sia della determinazione di Manjeet. Saleem allungò le gambe, mi guardò e sorrise.

«Bella partita, eh? Dopo tutti questi preparativi, non ci resta che vincere».

Il resto della squadra scoppiò a ridere nell'udire quella dichiarazione sfacciata, e applaudimmo quando Jaghtar colpì abilmente un'altra palla.

«Chota è tornato sul tetto? Allora deduco che non l'hai ammazzato».

«No, mi si è avvicinato di soppiatto, quella mezza calzetta, e ci siamo azzuffati. Mi sorprende sempre per la forza che ha. Alla fine ho vinto io e ha tirato fuori un sacco di melagrane! Più che sufficienti per compensare il mango che si è mangiato».

«Un sacco? Mi aveva detto di averne rubata solo una, quel piccolo bugiardo!».

Saleem mi guardò di soppiatto e, sorridendo, estrasse una melagrana. Pulì il coltello sui pantaloni e cominciò a tagliarla a pezzetti.

Io sono forse migliore? Una cosa è mentire sulla frutta, un'altra raccontare delle menzogne a Bapuji su ciò che sta accadendo nel mondo reale. Sono il principe delle bugie.

Almeno Chota sa quando deve fermarsi. Io, invece, sembra che diventi sempre più bravo a mentire con il passare del tempo; prima o poi andrà a finire che non capirò più la differenza tra la verità e le menzogne. Raccolsi le gambe contro il petto e cercai di non pensarci.

Dopo dieci minuti in cui aveva tentato di sbudellare Jaghtar a colpi di palla, Manjeet fece un tiro più lento. Jaghtar la colpì con forza, facendo finire la sudicia palla bianca nelle mani di un Manesh riconoscente. Jaghtar uscì sconsolato dal campo polveroso, rincuorato però da uno scroscio di applausi. Quindici minuti dopo, la maggior parte dei nostri era stata eliminata. Toccava a Saleem battere: per prepararsi fendeva l'aria, e se da lontano assomigliava vagamente a un giocatore di cricket, da vicino sembrava più che altro un macellaio che squarciava una carcassa con la mannaia. Mentre entrava in campo fiducioso, Saleem mi sorrise e mi salutò con la mano.

«Attenzione che non ti stacchino la testa», gli gridai ridendo.

«Che? Non certo a me! Sta' a vedere, Bilal», mi rispose.

«Pensa solo a colpirla, Saleem. Chiudi gli occhi e batti», gli strillò Jaghtar.

Saleem era in piedi nel *crease*, e si preparava senza fretta.

Manjeet aveva terminato il suo *over*[3] ed era sceso in campo Rakesh. Saleem fece con comodo e controllò che tutto fosse in ordine mentre gli altri brontolavano a voce bassa. Una volta pronto, Saleem segnalò che la partita poteva continuare. Proprio quando Rakesh era sul punto di lanciare la prima palla, Saleem uscì dal *crease* scuotendo la testa.

«Che c'è ora?», domandò il signor Mukherjee.

[3] Serie di lanci (*n.d.t.*).

«Ho il sole negli occhi, Masterji».

Il maestro alzò lo sguardo e fece un sospiro.

«Il sole è alle tue spalle, Saleem. Facci il favore di andare avanti. Vorremmo tornare a casa entro oggi, se possibile in tempo per la cena. Gioca!». E indicò a Rakesh di lanciare.

Il primo lancio fu troppo rapido per Saleem. Incapace di fermarlo con la mazza, sporse il sedere e fece terminare così la corsa della palla. Tutta la nostra squadra scoppiò a ridere mentre Saleem si strofinava il fondoschiena indolenzito. Anche il signor Mukherjee sorrise. L'altra squadra, invece, si lamentò, sostenendo che Saleem aveva deliberatamente ostruito il *wicket*, ma il signor Mukherjee non accolse le proteste e fece cenno di continuare. Saleem tornò alla battuta e mancò i quattro lanci seguenti in rapida successione. Rakesh chiuse il suo turno con un lancio più lento. Saleem fece un passo in avanti, piantò i piedi in terra, chiuse gli occhi e roteò la mazza con tutta la forza che aveva. La palla schizzò in alto, molto più in là delle nostre teste, verso il mercato. Esultammo e ridemmo mentre Saleem agitava la mazza per aria. Aveva triplicato il suo miglior risultato di sempre con un solo tiro!

Chota scattò ancora per recuperare la palla ma tornò indietro rapidamente, precipitandosi dal signor Mukherjee. Qualcosa non andava. Vidi il maestro aggirare il campo da gioco e incamminarsi verso la bancarella più vicina. Mi trovavo qualche passo dietro di lui, quando il signor Mukherjee interpellò Anand.

«Anand-ji, ce l'hai tu la nostra palla?», chiese il maestro.

«No, vai a cercarla laggiù da quel figlio di un porco», rispose ad alta voce Anand.

«Come mi hai chiamato, razza di bastardo? Ripetilo, così possiamo sentirlo bene», replicò Imtiaz rabbioso.

«L'ho detto forte la prima volta, sei tu che hai le orecchie troppo sporche per sentire».

Il signor Mukherjee alzò le mani e s'incamminò verso Imtiaz.

«Signori, rivogliamo solo la nostra palla. Avete visto dove è andata a finire?».

«La vostra palla mi ha quasi cavato un occhio, Masterji. Non puoi portare i tuoi bambini da qualche altra parte?», disse Anand.

«Se ti avesse cavato un occhio, te ne sarebbe rimasto almeno uno buono per vedere che la tua frutta non è buona, così la smetteresti di renderti ridicolo», si intromise Iqbal da un'altra bancarella.

Anand si alzò e andò nel piccolo spiazzo.

«Oh, è facile parlare così da dietro il banco delle tue spezie, Iqbal. Perché non vieni qua fuori e non me lo dici in faccia come un vero uomo?»

«Lo farei se ci fosse un uomo davanti a me», ribatté Iqbal, deridendolo.

La tensione cresceva. Il signor Mukherjee guardava l'uno e l'altro levando le mani per cercare di calmarli.

«Per favore, signori, non fate così».

Anand si rivolse al maestro e gli puntò contro il dito. «Tu tieni la palla lontano da qui».

«Non prendertela con dei bambini, stanno solo giocando».

«Qual è il problema, Anand?».

Vidi tutta la classe avviarsi lentamente verso il mercato. Lo scambio di battute era diventato uno scontro in piena regola tra Anand e Imtiaz, che si insultavano incoraggiati dai rispettivi amici e parenti. Il signor Mukherjee si trovava giusto nel mezzo e cercava di fare del suo meglio per placare gli animi, ma le offese stavano diventando sempre più pesanti.

«Musulmani. Credete di essere i padroni...».

«Ma sentite che puzza? È l'odore che sprigionate voi».

«Voi indù avete il naso sempre nella...».

«Ma come ti permetti...».

La nostra classe si fermò a guardare mentre la discussione saliva di tono. Facendomi largo tra la gente, andai a tirare la manica al signor Mukherjee.

«Non vi stanno ascoltando, Masterji», gli mormorai.

«No, per niente», rispose triste il maestro. «Su, andiamocene». Cominciò a condurci via dal mercato tenendoci in gruppo.

Esitai e afferrai Saleem per la spalla. Lui mi guardò incuriosito.

«Aspetta, non me lo voglio perdere», gli dissi.

Saleem fece una smorfia. «Perché, Bilal?», mi domandò piano.

Mi voltai e vidi un gruppo di uomini, tutti con delle facce inferocite. Saleem mi diede uno strattone alla manica, facendomi distogliere lo sguardo da quella banda di indù.

«Bilal, guarda...», sussurrò lui.

Alla nostra destra si stava avvicinando un gruppo di musulmani. Le due bande si sarebbero incontrate nel mezzo, dove la discussione prendeva toni sempre più violenti.

«Non è tuo fratello quello?», mi chiese Saleem, indicando col dito tra la gente.

«Non lo so, non riesco a capirci niente», gli risposi aguzzando la vista.

Le due bande avevano alzato un gran polverone con i piedi e il capannello al centro del mercato ne udì lo scalpiccio solo all'ultimo momento. Con la stessa velocità con cui si era formato, il gruppo si disperse davanti ai nostri occhi e, quando la polvere si dissipò, gran parte dei commercianti si era dileguata. Al centro erano rimasti solo pochi uomini che, dopo aver guardato a destra e a sinistra, scelsero uno schieramento e lo raggiunsero. Proprio così. Era facile scegliere. Eri una cosa o l'altra, oppure eri un vigliacco.

«Hanno dei bastoni, Bilal. Dobbiamo andarcene, ora!», sibilò Saleem.

Non riuscivo a distogliere lo sguardo dalla scena cui stavo assistendo. Si udì un grido da una delle due bande, e in un attimo i due gruppi si scontrarono. Cercavo di capire cosa stesse accadendo tra i mulinelli di polvere. Restai a guardare le canne di bambù tagliate alla bell'e meglio che, fendendo ad arco l'aria polverosa, si abbatterono su una testa con uno schianto di tuono. Vidi quell'uomo barcollare e feci un passo avanti, ma Saleem mi tirò indietro. L'uomo camminò con passo incerto verso di noi con la testa insanguinata. Nel vederci, strabuzzò gli occhi e formò con le labbra parole prive di suono, prima di crollare ai nostri piedi con un tonfo che mi diede il voltastomaco. Spinsi da parte Saleem, mi inginocchiai e lo girai. Guardammo inorriditi il corpo in preda agli spasmi, la bocca contorta in una smorfia tremenda. Alla fine, giacque immobile. Saleem mi afferrò di nuovo e mi rimise in piedi. L'uomo aveva gli occhi sbarrati rivolti al cielo, e noi ci voltammo e cominciammo a correre.

Diciassette

«Cosa manca in questa immagine?». Era una delle domande preferite del signor Mukherjee. Creava uno scenario in cui tutti potevamo identificarci per imparare a pensare e a trovare una risposta intelligente. «Non tirate a indovinare», ci ammoniva. «Rifletteteci sopra».

Seduto sulla mia brandina mentre ascoltavo il mio Bapuji respirare, mi chiesi cosa mancava nella mia immagine. Bapuji tossì forte, una tosse rauca che sembrò squassargli i polmoni. Ogni colpo echeggiava nella stanza, rimbalzando contro le pareti e ferendomi i timpani, tanto che dovetti tapparmi le orecchie. Ne mancavano parecchie, di cose. Dov'era la nostra famiglia felice? Sollevai un medaglione d'oro che Bapuji teneva sempre accanto al letto e che conteneva una fotografia di mia madre sorridente; l'unico tesoro di famiglia, libri a parte. Avevo solo otto anni quando era morta, ma mi ricordavo ancora certi particolari di lei. Aveva i capelli che profumavano sempre di acqua di rose, e il venerdì indossava immancabilmente un sari bianco.

Quando avevo otto anni, credevo che la morte fosse una specie di scherzo. Pensavo che qualcuno avrebbe finito per darmi una gomitata dicendo: «Te l'abbiamo fatta, eh, Bilal? Non è mica morta sul serio. Tieni d'occhio la porta, vedrai che arriva da un momento all'altro».

Dopo la morte di mia madre, ricordo che molta gente venne a casa a trovarci; qualcuno ci portava da mangiare, ma la maggior parte restava lì in silenzio o pregava. Saleem e io giocavamo fuori, e spesso entravo di corsa nella stanza silenziosa, ma Bapuji mi intercettava, mi prendeva in braccio con dolcezza e mi riportava fuori, restando un po' con me. È stata l'unica volta in vita mia in cui Bapuji mi è parso scontento di trovarsi in quel luogo che amava tanto. Quando Saleem tornava a casa, ogni sera, mi sedevo fuori con una vecchia enciclopedia e guardavo le immagini del giaguaro o di vecchi regni del Rajasthan che il mio Bapuji una volta aveva visitato.

A quell'epoca ascoltavo con un orecchio solo il chiacchiericcio sommesso delle donne che sedevano davanti casa, a volte pregando e a volte preparando da mangiare per tutta la strada. La gente diceva che era colpa del fato se mia madre era morta, doveva essere giunta la sua ora. Udii la parola "fato" tante di quelle volte che cominciai a incuriosirmi. Avevo sentito parlare della malaria, e Saleem una volta aveva avuto la febbre così alta che per due settimane intere non era potuto uscire a giocare. Mai prima di allora, però, avevo sentito parlare di quella malattia, il fato. Decisi di scoprire di cosa si trattava, e cominciai le mie indagini dalle enciclopedie che si trovavano nel nostro muro di libri. Dopo aver sfogliato senza successo un paio di volumi di storia naturale, consultai i libroni di medicina che Bapuji aveva raccolto. Non essendo riuscito a trovare niente neanche lì, decisi di chiedere a Doctorji di quella malattia misteriosa. Ricordo che Doctorji venne a fare una visita e, mentre si apprestava ad andarsene, lo seguii fuori e gli tirai la manica.

«Che malattia è il fato?», chiesi.

Strinse le labbra e si chinò, appoggiando un ginocchio a terra.

«Perché pensi che sia una malattia, Bilal?».

Ricordo di averlo guardato come se fosse pazzo e di aver levato le mani come per giustificarmi.

«Lo dicono tutti. La mia Ma è morta di quello, no? Però ho guardato tutti i libri e non sono riuscito a trovarne neanche uno che ne parla. Bapuji dice sempre che non esiste domanda a cui il suo muro di libri non possa dare risposta».

All'improvviso il dottore mi parve molto stanco. Sospirò.

«La tua maledizione è la curiosità, bambino mio. Sei proprio come il tuo bapuji». Mi posò la mano sulla nuca e mi attirò a sé. «Bilal, il fato non è una malattia, e tua madre non è morta di quello».

Ormai non capivo più niente, così mi misi a gesticolare sbuffando.

«Allora perché la gente continua a dire che è stato il fato?»

«Bilal, il fato è qualcosa di complicato, è difficile da spiegare. Anche se ci riuscissi, penso che la mia risposta non ti soddisferebbe per niente».

Ricordo di aver fatto una smorfia e di aver pensato proprio quello, che la sua risposta era assurda e che, appunto, non mi soddisfaceva affatto.

Doctorji mi aveva guardato, scimmiottando la mia espressione esasperata, e aveva alzato le spalle.

«Sembri un cagnolino rognoso con un osso», borbottò. «Vuoi un po' di *lassi* per rinfrescarti le idee?».

Anche se ormai è passato parecchio tempo, ricordo la delusione provata per ciò che avevo scoperto, ma era una giornata calda, e il pensiero di un *lassi* ghiacciato non mi lasciò indifferente.

Un altro attacco di tosse mi strappò ai miei ricordi, riportandomi al presente, e sentendo Bapuji muoversi andai a preparargli la medicina. Dovette udire il suono del pestello che schiacciava la polvere bianca datami da Rajahwallah, e mi chiamò con voce rauca. Gli portai un bicchiere di acqua fresca e lo osservai mentre la beveva a piccoli sorsi.

«Cosa fai a casa? Non c'è scuola oggi?», chiese, sbattendo le palpebre per dissipare il sonno.

Senza distogliere lo sguardo gli presi il bicchiere dalle mani.

«È sabato, Bapuji. Niente scuola oggi».

Bapuji era confuso, stentava a ritrovare un po' di lucidità. Proprio mentre stavo per dargli la medicina si tirò su a sedere e mi guardò intensamente.

«Bilal, se è sabato dobbiamo occuparci della tomba di tua madre».

Gli allungai il farmaco e lo esortai a mettersi comodo, poi gli feci bere la miscela.

«Bapuji, come pensi di andare fin lassù? Il sentiero lungo il dirupo è pericoloso».

Lasciandosi ricadere mi afferrò la manica e mi attirò a sé.

«Be', allora devi andarci tu e raccontarle le novità. Parlale della scuola e del mercato».

«Sì, va bene, Bapuji. Lo farò, ma adesso sdraiati».

«E dille che sto bene. È tutto a posto. Niente di cui preoccuparsi».

«Ci penso io, lo sai», replicai a bassa voce.

«E dille... dille...».

Lo presi per un braccio e lo tenni stretto.

«Glielo dirò, Bapuji. Lo farò».

Lui mi lasciò andare il braccio e tornò a coricarsi, borbottando tra sé. Io tornai alla mia brandina e mi ci buttai sopra, sentendomi pesante e assonnato. Il medaglione d'oro brillava, lì accanto, e riuscivo a vedere Ma che mi sorrideva. Era da qualche settimana che rimandavo la visita alla sua tomba, ma Bapuji aveva ragione, dovevo andare a occuparmene e raccontare a Ma le mie novità.

E che novità sarebbero, Bilal? Che sto mentendo a Bapuji? Che mi sono inventato uno stratagemma complicato per nascondergli la verità? Cosa penserà di me?

Chiusi di scatto il medaglione e mi alzai. Dovevo parlare con Ma. Lei avrebbe capito cosa stavo cercando di fare, perché conosceva Bapuji meglio di chiunque altro. *Se vado subito riesco a tornare prima del tramonto*, pensai. Mi feci l'appunto mentale di passare da Chota e di fargli sapere dove andavo. Presi con me del riso e qualche *chapatti*, e ricordai di portarmi una coperta perché sulla montagna faceva freddo. Correndo fuori dalla porta mi accorsi di avere dimenticato l'acqua di rose che portavo sempre con me. Tornai dentro di corsa a prendere la bottiglietta e tesi l'orecchio per sentire se Bapuji stava ancora tossendo, ma dall'altra stanza non giunse nessun suono e corsi via.

Diciotto

Ogni sabato, dopo la chiusura del mercato, prendevamo qualcosa da mangiare e andavamo dov'era sepolta Ma. Quando era morta, Bapuji aveva deciso che doveva essere seppellita in un luogo speciale. Almeno dieci concittadini erano venuti a trovare Bapuji, cercando di convincerlo che, per rispetto alla tradizione e alla religione, doveva riposare al cimitero come tutti gli altri. Ma lui aveva ribattuto: «Lei non era come tutti gli altri».

Bapuji aveva raccontato che, quando erano più giovani, prima della mia nascita, lui e Ma si divertivano a trovare angolini sempre nuovi per fare dei picnic, e il suo posto preferito era sotto un albero di banyan gigantesco. L'albero era a qualche chilometro dalla città, su una ripida altura. Bapuji aveva spiegato che il banyan si trovava dove anticamente sorgeva la città, e l'albero aveva così assistito a tutte le decisioni più importanti di quello che, allora, era ancora un paesino. Era stato il mio trisnonno a intuire il potenziale del villaggio, data la sua posizione centrale rispetto agli altri paesi circostanti, e a convincere gli anziani, i venditori del mercato e i compaesani a spostarlo perché stava piano piano diventando una piccola città. Dopo lunghe discussioni sotto l'occhio vigile dell'albero di banyan, si decise di trasferire il paese in un luogo più grande. Si portarono via tutto, ma il banyan era impossibile da spostare ed era rimasto lì.

Bapuji e io restavamo lì a parlare con Ma mentre il sole

calava. Dopo un po' lasciavo Bapuji da solo con Ma, andavo dietro l'albero e da lì mi arrampicavo fino al mio punto strategico preferito, dal quale dominavo tutta la città. Bapuji mi aveva raccontato che, quando avevo solo cinque anni, avevo fatto il giro dell'albero, un'impresa piuttosto impegnativa, e avevo salutato con la mano Bhai, che si era immediatamente arrampicato e aveva cominciato a dondolarsi da un ramo, incurante del pericolo. L'avevo indicato col dito, spiegando che volevo andare lassù anch'io. La nostra Ma si era opposta con decisione, ma Bapuji l'aveva convinta dicendo che mi avrebbe portato sulla schiena.

«Tieniti stretto, Bilal», aveva detto, ed era salito lentamente fino al piccolo nodo di un ramo. Ci eravamo seduti in cima, molto soddisfatti; Bapuji perché era riuscito ad arrivare fin lassù con me, e io perché ero in braccio al mio Bapuji in un punto tanto alto e con quello splendido panorama. La mia Ma era meno contenta, e la ricordo ai piedi dell'albero, nervosa, con indosso un sari color smeraldo: aveva fretta che scendessimo. Quello è il mio primo ricordo di noi come famiglia, sebbene talvolta mi chieda se sia davvero frutto della mia memoria o se invece non abbia fatto mio e trasformato in ricordo qualcosa che Bapuji mi aveva raccontato. Avviandomi verso l'altura decisi che non aveva importanza: mi bastava serbarlo dentro di me.

Nel corso degli anni era stato tracciato un sentiero rudimentale sulla collina, una scorciatoia verso un altro villaggio qualche chilometro più a est. Durante la stagione del monsone, la pioggia spesso lo rendeva pericoloso. Mi avvicinai all'altura sperando che fosse abbastanza asciutto da permettermi di salire. Arrotolai la coperta e me la annodai intorno ai fianchi, poi mi arrotolai i pantaloni. Il sentiero che si inerpicava sulla collina era secco, ma non appena mi avviai lungo il pendio sentii il terreno cedere. Avanzai lentamente per un quarto della salita, e proprio allora la terra si mosse sotto di me. A un tratto mi ritrovai per terra, e rotolai giù atterrando con un tonfo tra il pietrisco, il fango e i cespugli. Togliendomi un rametto dai capelli mi alzai e mi ripulii spazzolandomi i vestiti con le mani. La coperta mi pendeva sui fianchi, con il nodo allentato, così me la passai sopra la spalla destra e sotto l'ascella sinistra, assicurandola con un doppio nodo sul petto. Stringendo i denti ritentai la scalata, stavolta usando le mani per trovare appigli, come una scimmia che si arrampica su un albero. La terra continuava a scivolarmi via da sotto i piedi quando giunsi a metà strada. Mi aggrappai come potei, usando ogni mia risorsa, mentre un masso che si era staccato minacciava di trascinarmi giù di nuovo. Mi fermai per un minuto e, guardandomi alle spalle, vidi solo un'oscurità indistinta. Le braccia stavano cominciando a stancarsi e, spingendo con le gambe, trovai un appiglio davanti a me. Mi sentii scivolare con la gamba destra e mi tirai su, afferrando la roccia con la forza della disperazione. Alzai lo sguardo appena in tempo per vedere una grossa pietra che rotolava verso di me. Gettandomi di lato per evitarla persi la presa e scivolai giù dalla collina sotto una pioggia di pietre e sabbia, mentre cercavo di battere in velocità il masso sul traguardo, in fondo alla discesa.

Restai sdraiato sulla schiena a fissare un cielo incolore. Accanto a me, a un paio di metri di distanza, giaceva il masso, ormai immobile. *Così grigio*, pensai, *tutto sembra così grigio*. Alzandomi con cautela mi avvicinai al masso.

Lo toccai, sentendone il freddo sulle dita. La vista del sasso mi fece infuriare e mi ci appoggiai contro, guancia contro pietra, spingendo con la spalla. Però non riuscii a muoverlo neppure di un centimetro. Rassegnato, mi sedetti con la schiena contro il masso e le ginocchia piegate.

Non ce la faccio. Guardandomi i tagli alle mani e i graffi sulle ginocchia mi alzai e mi apprestai a tornare in città. *Tutto qui? Rinuncio? È questo il mio destino, allora? Essere un fallito?*

Stringendomi il nodo sul petto mi assicurai che il flacone di acqua di rose fosse ancora intatto, e mi avviai ancora una volta su per il sentiero. Con i denti stretti, trovai facilmente degli appigli e salii. Pietre e altri detriti continuavano a rotolare giù ogni volta che mi muovevo, ma rimasi aggrappato alla roccia, le mani come piccoli uncini, e le gambe che salivano piano verso la cima. Afferrando un ciuffo di erbe lunghe mi issai spingendomi con i piedi. La frana aveva sollevato molta polvere, e non vedevo quasi niente. Mentre sbattevo le palpebre, cercando di togliermi la sabbia dagli occhi, alzai lo sguardo e vidi un altro grosso masso precipitare verso di me, e stavolta capii che non avrei avuto il tempo di spostarmi. Lo guardai avvicinarsi sempre più veloce. Chiusi gli occhi, e mi concentrai su un'immagine di Bapuji. Fu allora che udii un suono secco e sentii sibilare l'aria sopra la mia testa. Aprendo gli occhi, vidi che il masso era atterrato alle mie spalle. Mi era passato sopra la testa: cercai un altro appiglio e ripresi ad arrampicarmi.

Giunto in cima mi trascinai oltre il precipizio e mi coricai sulla schiena ansimando. Guardai giù dal burrone e gridai ridendo, all'indirizzo del mondo: «Deve essere il fato!».

Diciannove

Gli anziani in città dicevano che il banyan gigante doveva avere almeno duecento anni. Scelsi una roccia piatta, lontana dall'albero, e mi sedetti prudentemente. Da quella distanza il tronco sembrava un gruppo di persone, spalla contro spalla, a braccetto, ferme e compatte. Alzando lo sguardo e seguendo il percorso di ogni ramo, avanti e indietro e giù, fino a terra, cercai di capire dove iniziava e dove finiva l'albero, ma era impossibile. Ogni sua parte era legata alle altre e cresceva formando un intreccio imponente di braccia che si levavano in alto verso il cielo. La mia Ma aveva sempre pensato che l'albero fosse femmina. «Solo una donna può essere tanto bella e forte», aveva detto. Bapuji aveva sorriso e si era dichiarato d'accordo. Guardando l'albero in quel momento, al crepuscolo, pensai di capire cos'avesse voluto dire.

Una volta, poco dopo la morte di Ma, eravamo andati lì come sempre un sabato, dopo la chiusura del mercato, e Bapuji mi aveva spiegato che la radice madre dava la vita a tutte le altre radici prima di affondare nel terreno e di riaffiorare, finché le radici nuove non finivano per soffocarla.

«E cosa succede allora alla madre?», avevo chiesto.

«Ha fatto la sua parte, e adesso ha la soddisfazione di vedere crescere i suoi figli».

«Ma lei è diventata invisibile ora».

«Non proprio invisibile. È solo nascosta», aveva ribattuto Bapuji.

«Come Ma?»

«Sì, esattamente come Ma».

Scossi il capo. *A volte facevo proprio delle domande sciocche*, pensai. Rimpiangendo che Bapuji non fosse con me, feci il giro dell'albero fino al punto in cui Ma era sepolta.

Molti anni prima Bapuji aveva messo lì davanti due pietre piatte perché potessimo sederci. Scelsi quella più vicina alla tomba e vi stesi sopra la coperta. Cominciai a parlare con lo sguardo rivolto all'albero di banyan.

«Cara Ma, oggi sono venuto qui per dirti che sono un bugiardo. Un imbroglione. Ma non mi vergogno di quello che sto facendo, e so che se fossi qui con noi capiresti. Ne sono sicuro. Sai com'è Bapuji, come fa a volte. So che capiresti. Però ho ugualmente l'impressione che... in qualche modo... non so... Mi resta forse altra scelta, ormai? Sono l'unico a vedere che è cambiato tutto? Tutti fingono di credere che le cose si aggiusteranno, che anche questo passerà. Ma ricordi quando mi hai detto che un monsone non fa differenze? Ricchi o poveri, buoni o cattivi, siamo tutti uguali di fronte al monsone. Eppure continuiamo a comportarci come se fosse tutto normale! Andiamo a scuola, le bancarelle del mercato aprono e chiudono, giochiamo a cricket, ridiamo. E nel frattempo, il monsone si prepara. Siamo tutti bugiardi, Ma. Siamo tutti dei terribili imbroglioni. Se io racconto bugie, non sono certo l'unico».

Stavo scomodo seduto su quel sasso, così mi alzai per sgranchirmi le gambe e mi avvicinai al banyan. Passai in mezzo alle tante braccia della sua mole gigantesca e, vedendo una rientranza proprio nel cuore dell'albero, andai a sedermi in quella che sembrava una sedia rudimentale.

«Secondo te, Ma, è una bugia giusta? Bapuji mi ha sempre detto che è importante vivere secondo i propri princìpi invece di ispirarsi a quelli dettati dagli altri...».

Restai seduto al centro di quell'albero maestoso e guardai verso l'esterno, fissando la moltitudine di rami che crescevano lì attorno. Chiudendo gli occhi toccai la corteccia ruvida con entrambe le mani. Ogni radice era in contatto con le altre attraverso la terra, e produceva rami che si protendevano verso il cielo. Riuscivo ad avvertire una connessione e, aprendo gli occhi, percepii un'energia che scorreva da un ramo all'altro.

«È così che dovrebbe essere, Ma. Siamo tutti legati. Non c'è inizio e non c'è fine».

Mentre mi alzavo per tornare alla tomba, vidi un ramo che si era spezzato a metà e pendeva senza vita. Sopra vi era cresciuto un altro ramo che, con il passare degli anni, vi aveva premuto contro, piegandolo finché non l'aveva spaccato. Fissai a lungo il ramo rotto che aveva disturbato la simmetria di quell'albero grandioso, finché non rimasero solo le ombre.

Mi svegliai di soprassalto. *Che sciocco, a addormentarmi così! Bapuji si starà probabilmente chiedendo dove sono.* Sciogliendo i muscoli delle spalle soffiai fuori tutta l'aria che avevo nei polmoni. *Devo rilassarmi e fidarmi dei miei amici, non posso sempre preoccuparmi di tutto.*

Il sole era appena tramontato quando rotolai fuori dalla coperta e mi stiracchiai. Avanzai fino al ciglio del burrone e vidi qualcuno che agitava le braccia e urlava qualcosa che non riuscivo a capire. Strizzando le palpebre cercai di vedere chi fosse. Era Saleem! Agitai anch'io le braccia e corsi a prendere la coperta.

Annusai il tappo della bottiglietta e sparsi dell'acqua di rose sulla tomba. Mi rattristava dover partire così all'improvviso. Mi inginocchiai accanto alla tomba.

«Spero che tu non sia arrabbiata con me, Ma. Spero che tu capisca cosa sto cercando di fare. Spero...». Non riuscii a finire.

Corsi fino al precipizio e cominciai a scendere con prudenza. Saleem mi aspettava pazientemente giù, a braccia conserte. Poi mi squadrò da capo a piedi con aria accigliata.

«Cosa ti è successo? Sei finito in un fosso?».

Mi guardai. In effetti sembrava che mi fossi rotolato per terra.

«Se te lo dicessi non mi crederesti, Saleem».

Mi sorrise. «Se nella storia ci sei anche tu, ti credo, invece. Puoi raccontarmela lungo la strada. Comunque, non è per questo che sono venuto qui. Doctorji ti sta cercando. È venuto a casa tua e si è insospettito quando ha visto me, Manjeet e Chota lì fuori, ma non ha fatto commenti. Prima che potessimo fermarlo, però, è entrato in casa».

Mi si strinse lo stomaco. *Avranno parlato. Parlano sempre. Bapuji ormai saprà tutto. È finita.*

«Andiamo, non fare quella faccia abbattuta. Volevamo sentire cosa succedeva, così senza far rumore siamo andati dietro casa tua, sotto la finestrella, e abbiamo ascoltato, ma non si sentiva niente. Il tuo bapuji dormiva della grossa e a quanto pare Doctorji non ha voluto disturbarlo, così lo ha visitato rapidamente e gli ha lasciato delle medicine. Uscendo di casa mi ha chiamato per nome. Mi ha guardato negli occhi – sai come fa – e mi ha chiesto dov'eri. Gli ho detto che eri andato a vedere la tomba di tua madre. Mi ha chiesto di ricordarti che domani dovrai andare al villaggio per aiutarlo. Ecco perché sono qui».

Oh, no, mi ero completamente dimenticato! «Meglio che ci muoviamo, allora», replicai.

Saleem brontolò e strascicò i piedi.

«Sono venuto fin qua di corsa, Bilal. Andiamo subito a casa di Doctorji, probabilmente starà perdendo la pazienza. Prima dimmi, almeno, perché sei conciato così. Sembra che un elefante ti abbia trascinato in un fosso».

«Ok, ok, ma muoviamoci», esclamai. «Hai idea di quanto si scivoli su quella collina dopo la pioggia? Ora ti racconto...».

Venti

Doctorji viveva in una casetta alla periferia della città, lontano dal mercato. Sembrava sempre distaccato, come se mantenesse le distanze tra sé e la gente di cui si occupava. Una volta gli avevo chiesto il motivo del suo comportamento.

«Doctorji, perché state sempre alla larga da tutti? Non vi piace vivere in mezzo agli altri?».

Come sempre, il dottore mi aveva guardato negli occhi e aveva riflettuto bene prima di rispondere. Non andava mai di fretta, Doctorji.

«Aiuto la gente soprattutto in due modi. Primo, mi occupo della loro salute fisica, e secondo faccio da giudice. In veste di giudice devo sempre essere giusto e obiettivo. Conosci queste parole, Bilal?»

«No», avevo risposto.

«Significa che devo sempre prendere le distanze dalla situazione che devo risolvere. Se c'è una disputa o un problema in cui devo esprimermi per decidere cos'è giusto fare, e per caso la faccenda riguarda un mio caro amico, non devo lasciare che questo influenzi la mia decisione. Capisci cosa intendo?»

«Sì, credo di sì, Doctorji. Gli amici sono una scocciatura di cui fate volentieri a meno».

Ricordo che Doctorji a quel punto aveva sorriso. Accadeva così di rado che mi era facile ricordare tutte le volte in cui era successo, di solito dopo qualche sciocca battuta.

Saleem e io giungemmo alla casa di Doctorji e bussammo. Dopo qualche minuto apparve con la valigetta. Vedendo in che stato mi trovavo, fece un mormorio di disapprovazione e strinse le labbra.

«Io sono pronto per andare, ma a quanto pare tu no», dichiarò, togliendomi un ramoscello dai capelli.

Saleem si mise a ridere ma smise subito, quando Doctorji lo fulminò con un'occhiata. Spostai il peso da un piede all'altro e feci una smorfia.

«È stato piuttosto difficile salire in cima a quella collina. Le piogge l'hanno resa molto scivolosa».

«Capisco. E così hai pensato che fosse comunque una buona idea provare a salire? Insomma, Bilal, avresti potuto romperti il collo o farti ridurre in poltiglia da un masso.

«Ora va' a casa e datti una ripulita. Sono andato a trovare il tuo bapuji oggi, e dormiva tranquillo. Non avrà bisogno di altre medicine per un paio di giorni».

«Ma Doctorji, forse farei meglio a restare qui, se Bapuji dovesse avere bisogno di me».

«Credo che una pausa ti farà bene, Bilal. Un po' di tempo lontano ti farà vedere le cose in modo diverso».

«Ma Doctorji...».

«Ho bisogno del tuo aiuto, Bilal».

«Sì, ma non sono sicuro...».

«Mi farebbe piacere che tu mi accompagnassi domani», dichiarò Doctorji con fermezza. «Sono sicuro che Saleem è in grado di passare dal tuo bapuji per assicurarsi che prenda le giuste dosi di medicine mentre sei via con me, no?»

«Controllerò io che le prenda, Doctorji», replicò subito Saleem.

«Bene. Adesso va', Bilal. Ti aspetto qui domattina. Torna a casa».

Trascinai Saleem via con me e mi avviai con passo svelto verso la città.

«Cosa facciamo adesso? Forse dovrei fingere di stare male».

Saleem mi lanciò un'occhiata obliqua e scosse il capo.

«Sai bene che Doctorji riesce a sentire odore di bugie a cento passi di distanza». Rendendosi conto di quello che aveva detto, Saleem sorrise. «Be', forse non sempre, ma sai cosa intendo. Non vale la pena correre un rischio simile, finirebbe per insospettirsi».

«Sì, ma se vado sarò troppo lontano da casa».

«Ti abbiamo promesso di aiutarti: permettici di farlo. Va' con Doctorji e lascia che ci occupiamo noialtri del resto. Mi assicurerò che nessuno vada a trovare il tuo Bapuji, va bene?».

Arrivammo davanti a casa mia e raggiungemmo Chota, che era lì fuori ad aspettare.

Cinsi le spalle di Saleem e Chota.

«D'accordo, ma se succede qualcosa mandatemi un messaggio con un piccione. Chiedete a Manjeet di domandare a suo cugino di spedirne uno, e tornerò subito a casa».

Ventuno

Negli ultimi due anni avevo accompagnato Doctorji nei villaggi sparsi attorno alla nostra città. Per molti anni c'era andato Bapuji con lui, ma poi era stato troppo impegnato col mercato e aveva cominciato a mandare me al suo posto. Sceglievamo insieme un libro di favole e lo portavo con me per leggerlo ai bambini del villaggio. Per anni avevano ascoltato con grande gioia i racconti di Bapuji, così, quando un giorno mi ero presentato io con il libro in mano, ci avevo messo un po' a convincerli. Dopo qualche suggerimento da parte di Bapuji, ero riuscito a capire cosa preferivano i bambini, e da quel momento mi pareva che fossero contenti quando mi vedevano arrivare. Le storie non erano la ragione principale delle nostre visite, tuttavia. Una volta al mese Doctorji prendeva con sé tutte le medicine che riusciva a trovare, insieme a molti altri oggetti che gli abitanti del villaggio avevano ordinato ai venditori del mercato, e caricava il tutto sul suo carretto trainato dall'asino. I paesani si presentavano da Doctorji con i loro acciacchi e lui, assistito da me, faceva del suo meglio per curarli.

Il sole era alto nel cielo quando uscimmo dalla città. Sedetti accanto a Doctorji a bordo del carretto trainato dal mulo. Cullato dal movimento del veicolo, mi misi comodo. Il paesaggio circostante era piatto e si distendeva davanti a noi in un mare di verde e marrone. Dopo la frenesia della città con il suo mercato, lì il silenzio era totale, interrotto solo dagli sbuffi dell'asino e dal cigolio delle ruote. Il cielo azzurro e bianco splendeva sopra di noi, e la minaccia del monsone sembrava molto lontana. Quando Doctorji arrestò il carro per intrattenersi con una donna che gli aveva fatto segno di fermarsi per parlargli del marito che non stava bene, chiusi gli occhi e lasciai che la quiete mi calmasse. Attraversammo la campagna salutando con la mano la gente e fermandoci di tanto in tanto per discorrere con contadini e vecchie che riconoscevano Doctorji. Molte persone ci invitarono da loro a bere un tè o a mangiare qualcosa, ma Doctorji declinò il più cortesemente possibile e promise che avrebbe cercato di passare di lì a poco. Mentre avanzavamo lentamente avvertii un senso di benessere avvolgermi come una coperta.

«È tutto così calmo, qui. Così sereno», sussurrai tra me e me.

Doctorji mi guardò e, annuendo, tornò a fissare lo sguardo lontano. Con la coda dell'occhio lo guardai per capire se avrebbe detto qualcosa, ma lui si limitò a seguire il ritmo del carretto.

«Non potrà continuare così, vero, Doctorji?».

Doctorji sospirò e scosse il capo. «Figliolo, la pace è già stata disturbata», dichiarò.

«Infranta», esclamai senza riflettere.

«Cosa?», chiese Doctorji stupito.

«La pace è stata infranta. Alcune cose non possono tornare intere, una volta che si sono rotte», replicai.

«No, hai ragione, ma possono essere riparate o guarire con il tempo».

«Quanto tempo ci vuole?», chiesi.

«Dipende dalla volontà della persona, Bilal».

«E se la volontà non c'è, Doctorji?»

«Allora, anche se il corpo guarisce, la mente non gli permetterà mai di tornare sano come prima».

«È tutta questione di volontà, vero, Doctorji?», chiesi, fissando il sentiero che serpeggiava davanti a noi.

«La volontà è importante, Bilal. Prendi l'esempio del tuo Bapuji. La sua volontà, nonostante tutto, è forte. Il corpo lo tradisce, ma la mente continua a mantenerlo in vita», continuò Doctorji. «Il suo volere non può essere soffocato».

«No».

«Gli assomigli più di quanto tu non creda, Bilal. Hai il suo stesso bisogno di vedere, di sapere e di capire. Sei anche tu una spugna che assorbe tutto ciò che la vita ha da offrire», dichiarò Doctorji lanciandomi un'occhiata.

«A volte preferirei non essere così».

«Sì, capisco che quel bisogno costante di trovare un significato in tutto possa essere estenuante», convenne Doctorji con un sorriso.

«Voi non siete così, Doctorji», osservai.

«No, la mia migliore amica è la logica. Credo nella causa e nell'effetto, ragazzo mio. Qualcosa succede a causa di qualcosa d'altro. Non esiste un significato superiore, esiste solo ciò che fai e quello che accade come conseguenza».

Ecco cosa voglio credere. Ecco come voglio vivere!, avrei voluto gridare alla volta celeste per sfidarla. Doctorji mi guardò incuriosito e strinse le labbra.

«Sei proprio figlio del tuo bapuji, Bilal».

«Ma non è realistico, Doctorji», sussurrai, odiando il fatto che, così dicendo, sembrava che tradissi il mio bapuji.

«Cosa non è realistico?»

«Credere che nella vita tutto si risolverà. Che quello che deve succedere, succederà, e che è meglio non preoccuparsi e lasciare che gli eventi seguano il loro corso», replicai.

«Ma se sei così, se è ciò che credi, Bilal, se è il tuo carattere…».

«Se è così, farei meglio a cambiare. Non voglio essere un sognatore tutta la vita. Preferisco vivere nel mondo reale con tutti gli altri», esclamai, senza osare guardarlo negli occhi.

«A volte, Bilal, il mondo reale è brutto», replicò Doctorji.

«Forse, ma almeno è reale», insistei.

Ventidue

Quando entrammo nel villaggio ci vennero incontro dei bambini e si misero a correre accanto al carretto. Agitai il librone pesante che avevo portato con me per leggerglielo, e loro gridarono di gioia. Felice del loro entusiasmo, saltai giù dal carro e fui attorniato dai ragazzini. Doctorji si fermò al solito posto, davanti a una capanna abbandonata. Mentre andava a incontrare i capi del villaggio, io fui sommerso di domande sulla "grande città", ma alla fine riuscii a liberarmi della folla e andai in cerca di Doctorji. Lo trovai accanto a un gruppo di uomini. Avvicinandomi, colsi una certa tensione nel suo atteggiamento e vidi, con la coda dell'occhio, che era in corso una discussione animata, i cui partecipanti lanciavano di tanto in tanto un'occhiata a Doctorji.

«Doctorji, cosa succede?».

Doctorji non si era accorto del mio arrivo e scosse rapidamente il capo. *Troppo rapidamente.*

«No, no, va tutto bene. Stanno solo discutendo per decidere da dove vogliono che cominciamo». *È una bugia*, pensai. Guardando il gruppo agitato, appariva evidente che gli schieramenti erano due. Uno pro e uno contro. *Ma contro cosa?*

Avvertii il nervosismo crescente di Doctorji. Stava immobile e, anche se sembrava che stesse ammirando il cielo azzurro, la sua attenzione era fissata sulla conversazione che si svolgeva a una decina di metri da noi.

Infine il gruppo giunse a un accordo e un uomo basso e anziano fece segno a Doctorji che poteva cominciare a lavorare. Mi avviai verso il carretto per prendere parte delle medicine che avevamo portato con noi.

Mentre scaricavo la merce, Doctorji mi si avvicinò e mi sussurrò all'orecchio: «C'è qualcosa che non va. Non so bene cosa sia accaduto, ma appena abbiamo finito ce ne andiamo. Riunisci i bambini e comincia a leggere. Questo potrebbe dimostrare la nostra buona volontà, non si sa mai».

«Non si sa mai? In che senso?», chiesi allarmato.

«Non si sa mai, punto e basta», tagliò corto Doctorji prima di dirigersi verso il capannello di pazienti affetti da varie malattie.

Per nulla rassicurato, andai dai bambini e chiesi loro di sedersi in uno spiazzo vicino al pozzo alla periferia del villaggio. In quel pomeriggio di sole c'erano molti bambini, quasi tutti piccoli, seduti davanti a me in paziente attesa. Gli uomini del paese erano ancora riuniti e, sebbene stessero parlando meno animatamente, continuavano a lanciare di tanto in tanto delle occhiate ostili a Doctorji. Dopo essermi messo comodo guardai i visi impazienti e mi schiarii la voce.

«Oggi pensavo di leggervi la storia di Aladino e della lampada magica».

Quando ebbi finito la storia, qualcuno dei bambini più piccoli applaudì e me ne chiese un'altra, ma proprio allora giunsero due uomini e mi si pararono di fronte.

«Vieni con noi», mi ingiunsero a bassa voce.

«Dove?», chiesi, allarmato dal loro atteggiamento rigido e dallo sguardo che lessi loro negli occhi.

«Vieni e basta. Doctorji ti sta aspettando. Avanti».

Raccolsi il libro, ma mi fecero segno di lasciarlo. Una bambina – che sedeva sempre in prima fila, qualunque fosse la storia che leggevo – si alzò e me lo prese dalle mani.

«Te lo tengo io. Te lo restituisco dopo», promise stringendosi il volume contro il petto.

Annuii sorridendo, borbottai un ringraziamento e seguii i due uomini lontano dal cerchio silenzioso di bambini.

Ci avvicinammo alla capanna abbandonata dove avevamo lasciato il carretto e ci fermammo davanti all'ingresso, poi mi fecero cenno di entrare. Varcai la soglia e udii la porta chiudersi alle mie spalle, poi il tonfo di una spranga di legno che veniva calata per bloccare l'uscio. Doctorji sedeva in un angolo su un sacco di riso. Aveva il viso inespressivo, ma gli vidi negli occhi dense nubi temporalesche, e anche qualcosa d'altro: paura.

«Doctorji, cosa sta succedendo?».

Doctorji si alzò e cominciò a camminare avanti e indietro. Si avvicinò alla porta e si mise in ascolto. Quando si fu accertato che dall'altra parte non ci fosse nessuno, tornò a sedersi.

«Bilal, ne abbiamo parlato prima. La pace è stata disturbata e siamo lontano da casa. Dopo che ho fatto il mio dovere e distribuito le medicine, gli anziani – be', in realtà erano quasi tutti giovani, da quanto ho potuto vedere – mi hanno scortato fin qui. Mi hanno chiesto se sono una spia mandata dai musulmani a contarli e a rubare informazioni per riferirle alle orde che si preparano ad attaccare».

Il pericolo della situazione mi fu finalmente chiaro, e mi sedetti di fronte a Doctorji con la testa tra le mani.

«Perché pensano una cosa del genere? Insomma, sono anni che veniamo qui. Voi avete cominciato ben prima di me. Come gli può essere venuto in mente?».

Doctorji si alzò e riprese ad andare avanti e indietro.

«Ci sono stati dei tumulti, dei saccheggi in molti posti. Quando siamo arrivati, era appena arrivato anche un parente di un abitante del villaggio. Ha parlato agli anziani delle scene di violenza che si sono svolte nel Paese. La maggior parte della gente non sembrava convinta e l'ha detto, ma pare che siano i giovani a comandare. Grazie alle storie terribili raccontate da quest'uomo, sono riusciti a convincere tutti che per il bene del villaggio era meglio tenerci prigionieri».

Doctorji mi guardò negli occhi e smise di camminare, rendendosi conto che con tutto quell'andirivieni mi rendeva nervoso.

«Ma cosa ci faranno adesso? Non siamo spie. Quando ci lasceranno andare? Devo tornare da Bapuji!», gridai. Il panico mi provocò un crampo allo stomaco che mi fece piegare in due. Doctorji mi venne accanto.

«Ancora crampi allo stomaco? Dobbiamo restare calmi, Bilal. Probabilmente sono solo chiacchiere. Quando gli abitanti del villaggio si renderanno conto che la loro reazione è eccessiva, ci lasceranno tornare a casa. Rilassa lo stomaco e smettila di digrignare i denti. Fa' un bel respiro e lasciati andare. Andrà tutto bene, dobbiamo solo essere pazienti».

Appoggiandomi alla parete cercai di respirare lentamente. Cosa potevano farci, dopotutto? Non avevamo fatto niente di male. Stavamo cercando di aiutarli portando delle medicine alla loro gente. Chiusi gli occhi. *Dobbiamo solo essere pazienti. Ma cosa stiamo aspettando?*

Ventitré

Le ore passavano lente mentre osservavo Doctorji camminare avanti e indietro nella capanna. Molti anni prima il consiglio cittadino aveva deciso di istituire un progetto per aiutare i villaggi circostanti fornendo loro cure mediche migliori. Doctorji si era offerto di curare gli abitanti dei villaggi e di portare loro i pochi farmaci che fosse riuscito a procurarsi in città. Eravamo sempre stati trattati con il massimo rispetto. Spesso gli abitanti del villaggio ci chiedevano di restare un giorno in più, perché era raro che avessero dei visitatori. Risi ad alta voce al pensiero che quei paesani gentili, che consideravano sempre i metodi e i rimedi di Doctorji strani e buffi, volessero ucciderci. Notai che Doctorji aveva smesso di camminare e mi fissava, evidentemente sorpreso dal mio scoppio di risa.

«Cosa c'è di tanto divertente?», mi chiese Doctorji.

«Il pensiero che questa gente abbia intenzione di farci del male. Non ha senso. Cosa potrebbero mai farci?».

Stava calando la sera. Dalle sbarre della finestrella entrava un raggio di luna che illuminava i segni lasciati da Doctorji sul pavimento. Le tracce formavano una specie di otto elegantemente disegnato. Ridacchiai di nuovo. *Tipico*, pensai. Tipico di Doctorji tradire il nervosismo camminando, ma sempre seguendo un percorso ben preciso. Andai alla finestra e guardai fuori. La luna inondava tutto di una luce argentea, e delle ombre guizzavano dappertutto.

«Inutile pensare a quello che potrebbero farci, Bilal.

È una strana epoca. Difficile. La gente non si comporta in modo normale, quindi non possiamo aspettarci dagli altri un atteggiamento razionale».

Doctorji riprese a camminare mentre cercavo di interpretare le sue parole. Mi alzai e iniziai a passeggiare anch'io nella direzione opposta.

Più si faceva tardi, più pensavo a tutte le cose orribili che gli abitanti del villaggio avrebbero potuto farci. Ai molti modi in cui potevano farci del male o ucciderci. Accelerai finché non raggiunsi Doctorji e quasi non lo feci inciampare. Mi posò le mani sulle spalle, costringendomi a fermarmi. Guardandolo negli occhi, mi accorsi per la prima volta delle rughe profonde che aveva intorno agli occhi, simili a piccole incisioni fatte con lo scalpello.

D'un tratto udimmo uno stridio: qualcuno stava sollevando la sbarra. Ci fermammo. Doctorji mi fece segno di sedermi lontano dalla porta e si bloccò in mezzo alla stanza con le mani sui fianchi. Due giovani entrarono con delle sciarpe sul viso. Si fermarono, confabularono sottovoce, poi avanzarono.

«Sentite», cominciò Doctorji. «Sono otto anni che vengo qui e non sono mai stato trattato in questo…».

Senza preavviso, il più grosso dei due mollò un ceffone a Doctorji mentre l'altro gli sferrava un pugno nella pancia.

«Zitto, cane che non sei altro! Ci prendi per degli stupidi?».

Rimasi sbalordito, e mi ci volle un minuto per capire cosa stava succedendo. Guardai inorridito mentre l'uomo più basso estrasse un bastone e lo sollevò sopra la testa. Con un grido gli fui addosso e, cogliendolo di sorpresa, mi avvinghiai a lui ed entrambi cademmo a terra. Riavutosi dallo stupore, mi afferrò le braccia bloccandomele.

«Senti, ragazzo, se non taci ti prendo a bastonate in testa. Capito?».

Smisi di dibattermi, sebbene con riluttanza. Staccandosi da me lentamente e indicandomi il bastone fece un cenno al suo compagno.

«Vogliamo solo farvi qualche domanda. Dopo vi lasceremo andare».

Doctorji si era tirato su a sedere, ma aveva ancora il fiatone. Facendo respiri profondi levò una mano in un cenno di assenso.

«Chi vi ha mandato?», chiese l'uomo più grande.

«Ve l'ho detto, siamo stati inviati qui dal consiglio cittadino, come sempre».

I due uomini si guardarono, perplessi, e alzarono le spalle.

«I musulmani si sono impadroniti della città? È questo che stai cercando di dirci?», domandò l'uomo più piccolo.

«No, certo che no», obiettò Doctorji. «Quello che sto dicendo è che…».

L'uomo basso, con un gesto ampio, brandì il bastone, che entrò in collisione con il naso di Doctorji. Mi gettai di nuovo su di lui, afferrando il bastone, ma questa volta non lo colsi impreparato: dopo avermi stretto il collo con la mano libera, mi gettò a terra. L'omone si mosse verso di me e mi immobilizzò al suolo.

«Senti, sappiamo che sei un dottore – alcuni abitanti del villaggio pensano perfino che tu sia un brav'uomo – ma a me non la fai. Dimmi solo in quanti si stanno preparando ad attaccarci, così possiamo prendere gli accorgimenti necessari. Ci risparmierai uno spargimento di sangue inutile. Pensaci».

Con il naso che sanguinava Doctorji si sedette e inclinò all'indietro la testa.

«Cosa importa ciò che dico, ragazzo? Hai già deciso perché siamo qui. Da otto anni vengo per dare aiuto e medicine alla gente del villaggio, ma non vi ho mai visti prima, voi due. Cosa siete? Provocatori politici?»

«Non preoccuparti di chi siamo».

«No, hai ragione. Perché tra sei mesi, un anno o il tempo che ci vorrà, tornerò qui. I paesani mi guarderanno sentendosi in colpa, ma voi non sarete qui, giusto? Sarete andati a fomentare violenze in qualche altra città».

«Non sai quello che dici, vecchio. Sono stati gli abitanti del villaggio a chiederci di venire qui. Siamo venuti per aiutarli a scoprire la verità».

Raddrizzando la testa per guardarli in faccia Doctorji sorrise, e il sangue che gli usciva dal naso gli sporcava la bocca e i denti, dandogli un aspetto spaventoso alla luce della luna.

«Figliolo, il mio asino conosce la verità meglio di te».

Gli uomini si guardarono e avanzarono verso Doctorji. Anche quello più grosso tirò fuori un bastone, ed entrambi cominciarono a picchiare il dottore, che si raggomitolò. Gridando aiuto saltai sulla schiena del tizio più alto, ma mi strappò via e mi colpì con violenza in viso, tanto da farmi cadere. Cercai di alzarmi, ma il compare più piccolo ne approfittò per mollarmi un calcio nello stomaco. Guardai impotente mentre Doctorji si faceva pestare senza fiatare. Fu solo quando ebbero smesso che mi resi conto che avevo urlato per due.

Mi scavalcarono e aprirono la pesante porta, poi si voltarono.

«Senti, abbiamo cercato di aiutarti e ti abbiamo dato

una possibilità, ma gli altri che verranno domattina non saranno tanto comprensivi».

Premendomi le mani sulla pancia li guardai uscire, poi sbatterono la porta e rimisero la sbarra al suo posto. Doctorji si era faticosamente messo a sedere. Mi trascinai fino a lui carponi e mi accasciai contro un sacco di riso.

«State bene, Doctorji?»

«Niente ossa rotte. Penso che quello fosse solo l'inizio, però: i veri picchiatori arriveranno domattina», dichiarò Doctorji muovendo piano la punta del naso con una smorfia.

«Non potreste mentirmi?», chiesi.

«Mentirti? A che proposito?», domandò incredulo.

«Su quello che potrebbe accadere. Potreste dirmi che andrà tutto bene».

«A che scopo?»

«Mi farebbe sentire meglio», replicai con un filo di voce.

«Solo per un po', poi però capiresti la verità», ribatté Doctorji abbattuto.

«Ma a quel punto non avrebbe più nessuna importanza».

«Per me sì», sottolineò Doctorji con una smorfia di dolore mentre cercava di trovare una posizione comoda. «Mancano ancora alcune ore all'alba. Inutile preoccuparsi adesso. Aspettiamo e vediamo cosa succede».

A forza di fissare l'otto disegnato nella polvere, calpestato e rovinato, avevo l'impressione che le mie gambe si stessero ancora muovendo. Un migliaio di pensieri mi si accavallavano nella mente. Devo tornare a casa. Devo stare vicino a Bapuji. *Devo tornare a casa.* La disperazione mi entrò in testa di soppiatto, e la vista di Doctorji, seduto di fronte a me con le spalle curve e la testa tra le mani, mi fu quasi insopportabile.

«Doctorji?»
«Sì, Bilal», rispose Doctorji senza sollevare il capo.
«Devo dirvi qualcosa. Qualcosa che ho fatto di recente...».

* * *

Dopo aver confessato a Doctorji la mia bugia non mi sentii né meglio né peggio. Il suo viso rimase impassibile, ma sapevo che stava riflettendo sulle mie parole.

Non ebbe il tempo di dirmi cosa ne pensava perché udimmo grattare alla porta. Chiusi gli occhi e tesi l'orecchio, perché pensavo di essermelo immaginato. Ecco di nuovo quel suono! Ma Doctorji continuava a riflettere senza cambiare posizione. Mi avvicinai rapido alla porta e vi appoggiai l'orecchio. Doctorji se ne accorse e si alzò.

«Cosa c'è?», chiese.

«Ho sentito grattare alla porta. Credo che ci sia qualcuno dall'altra parte».

Entrambi posammo l'orecchio sulla porta e ci mettemmo in ascolto. Il suono continuò.

«Ehi, mi sentite?», sussurrai.

«Sì», rispose una vocina appena udibile dall'altra parte.

«Cosa sta succedendo? Cosa ci faranno?».

Altro silenzio. Riuscivo a sentire il cuore di Doctorji che martellava lì accanto a me.

«Pensano che siate delle spie. Credono che se vi permettono di andarvene direte, non so a chi, di attaccarci e di rubare tutte le nostre donne. Pensano che...».

A quel punto il silenzio fu assordante. Riuscivo a sentire il cuore che mi martellava nel petto.

«Cosa pensano?», chiesi in un soffio.

«Pensano che sia meglio non lasciarvi partire».

«Ci puoi aiutare?», chiese Doctorji sottovoce.

«In che modo?», rispose la vocina di rimando.

«Non puoi aprire la porta e farci uscire?».

Udimmo uno scalpiccio che si interruppe di colpo.

Ti prego, non lasciarci qui.

«Non arrivo alla sbarra. È troppo in alto».

«Deve pur esserci qualcosa su cui puoi salire. Non so, un barile o qualcosa del genere».

«Qui non c'è niente, e quello che c'è è troppo pesante, non riesco a muoverlo», protestò la vocina.

«E comunque farebbe troppo rumore», aggiunsi.

«Ci deve essere qualcosa che puoi usare», insisté Doctorji. Avvertendone la disperazione nella voce, mi avvicinai alla porta.

«Va tutto bene, prendi il tempo che ti serve. Tanto non andiamo da nessuna parte», cercai di scherzare.

Non rise nessuno. La luce nella capanna stava cambiando: l'alba non era lontana. Se non fossimo scappati subito, forse non ce l'avremmo fatta più. Premendo le orecchie contro la porta udimmo del tramestio, poi piccoli passi che si allontanavano di corsa. Guardai Doctorji inorridito, rendendomi conto che eravamo soli. Lui fece un passo indietro e, con la mascella serrata, tornò lentamente al suo sacco di riso. Voltai le spalle alla porta e mi lasciai scivolare sul pavimento, con la testa tra le mani. Eravamo tanto lontani da casa, in mezzo a degli sconosciuti. Non pensavo che sarebbe finita così. Avevo conosciuto solo la mia città. Era lì che sarei vissuto e morto, credevo. Ne ero stato così sicuro che il pensiero che le cose potessero andare diversamente mi faceva l'effetto di uno schiaffo.

All'improvviso udii dei passi che si avvicinavano e dei rumori accanto alla porta. Poi sentii dei brontolii e, con uno stridio che pensavo avrebbe svegliato tutto il villaggio, la sbarra fu sollevata dal suo alloggiamento. La porta si aprì lentamente e ci apparve davanti una bambina. Era in piedi sul librone che le avevo dato. Con un sorriso scese dal volume e lo prese in mano con mille precauzioni, soffiando via la polvere dalla copertina. Doctorji mi venne accanto e osservò incuriosito la bambina con il libro, poi corse al nostro carretto con il mulo.

«Come mai sei venuta a cercarci?», le chiesi.

«Volevo ridarti il libro come ti avevo promesso».

Doctorji venne a chiamarmi. Aveva fretta. «Adesso dobbiamo andare, prima che il villaggio si svegli». Sorrise alla bambina e tornò al carro.

Mi inginocchiai e le sorrisi. «Adesso ce ne dobbiamo andare. Grazie mille per il tuo aiuto».

«Non è niente. Non volevo che ti facessero del male», replicò.

«Grazie a te non succederà. Ma non devi raccontare a nessuno quello che è successo: devi tornare a casa e fare finta che non sia mai accaduto».

«Va bene». Mi porse il libro.

«No, questo ormai è tuo. Te lo regalo per ringraziarti dell'aiuto. Di' agli altri che l'ho dimenticato o qualcosa del genere. Spero che sarà per te fonte di grande piacere».

La bambina sgranò gli occhi per la sorpresa e si strinse il libro al petto. Le diedi un bacio sulla fronte e corsi al carretto. La salutammo con la mano e uscimmo velocemente dal villaggio.

Ventiquattro

Giungemmo in città stanchi e indolenziti per il viaggio, e non appena ci inoltrammo nel centro abitato mi sentii oppresso da un peso. Mi pareva di avere del piombo al posto delle membra, e la testa mi ricadeva sul petto. Con uno sforzo di volontà sollevai il capo. Ero a casa e Bapuji aveva bisogno di me. Non era il momento di sentirmi debole. Doctorji stava seduto impettito come sempre e giunse con il carretto fino a casa sua. Mentre scendeva, fece una smorfia leggera: i muscoli, fermi nella stessa posizione per tanto tempo, dovevano dolergli.

«Bilal, non dobbiamo parlare a nessuno di quello che è successo. Certi membri del consiglio potrebbero servirsene per far spostare l'ago della bilancia. Lascia che ci pensi io. Se non diciamo niente, tecnicamente non raccontiamo bugie».

Guardando il viso tirato di Doctorji annuii. *Tecnicamente, quindi, non è una bugia fino a quando non apri bocca. Giusto. Sembra che le menzogne abbiano regole più complesse di quanto credessi.*

«Non ne parlerò a nessuno». *Questo posso farlo.*

«Va' a vedere se il tuo bapuji sta bene. Sono passato a trovarlo prima di partire e mi è sembrato che la medicina lo facesse stare meglio. Assicurati che beva tanta acqua e fagli mangiare frutta fresca. Tornerò presto a visitarlo».

«Sì, Doctorji. A presto».

Saltai giù dal carretto e feci per passare accanto a Doctorji, quando questo mi fermò afferrandomi per una spalla.

«Riguardo all'altra cosa... Sul tuo bapuji...», cominciò.

Il peso della mia confessione mi colpì proprio tra le scapole, facendomi quasi rovinare a terra.

«Dobbiamo parlare anche di quello», dichiarò Doctorji in tono pacato prima di voltarmi le spalle.

Venticinque

Mi trascinai verso il centro e mi diressi al nostro punto di ritrovo, dove chiamai Chota. La sua testa apparve in cima alla vecchia casa, e mi fece cenno di salire.

«Cosa c'è di nuovo, Chota? Dov'è Saleem?», chiesi.

«Non so dov'è. Qualche problema a casa, penso».

«Che tipo di problema?»

«Non me l'ha detto, ma mi ha assicurato che sarebbe tornato presto. Oh, mi ha chiesto di dirti che il tuo bapuji si è svegliato ieri e voleva sapere dov'eri. Ha chiesto anche a Saleem se c'erano dei giornali in giro perché voleva tenersi aggiornato sugli eventi. Saleem si è inventato una scusa, ma il tuo bapuji gli ha chiesto di trovargli un giornale per domani».

«Non può! Capirebbe subito cosa sta succedendo! Tutti i giornali riportano delle notizie sul progetto di partizione, gli si spezzerà il cuore». *Sapevo che prima o poi avrebbe voluto vedere un giornale.*

«Ma lui vuole leggerlo, il giornale. Lo sai com'è quando si mette un'idea in testa», replicò Chota con una scrollata di spalle. «È un po' come te. Una volta che gli è venuta un'idea, non riesce a liberarsene».

Mi strofinai gli occhi e sospirai profondamente. Chota stava scuotendo il capo.

«Perché mi guardi così?», chiesi.

«Perché hai l'aria così abbattuta?», ribatté Chota. «Rifletti bene. C'è sempre una risposta, se ci pensi abbastanza».

Mi massaggiai la fronte. *Per Chota è sempre tutto così facile!* Ma pensai che fosse meglio assecondarlo.

«E quale sarebbe?», domandai con voce stanca.

«Be', dovrai stampartelo da solo, il giornale, tutto qui. Semplice, no?».

Chota riprese a intagliare un pezzo di legno, perfettamente soddisfatto. Chiusi gli occhi per l'irritazione. Poi, a un tratto, capii. Chota aveva *ragione*! Dovevo stampare il giornale con la mia versione degli eventi. Lo ringraziai dandogli una pacca sulla spalla e lo salutai.

Giunsi a casa in tempo per il pranzo. Bapuji stava sonnecchiando. Mi misi a cuocere del riso e a preparare del *daal* per accompagnarlo. Mentre il riso cuoceva, mi sedetti sul letto ai piedi di Bapuji. Respirava in modo regolare e tossiva di meno, ma era ancora magrissimo; se non fosse stato per la testa adagiata sul cuscino, sarebbe stato difficile capire se c'era un corpo sotto la coperta pesante. Bapuji era sempre stato magro, ma ora gli restava solo la pelle tesa sulle ossa: pareva quasi che qualcuno, come si faceva con le scarpe di cuoio spesso, gliel'avesse allacciata da dietro stringendo troppo. Le guance erano scavate e gli occhi infossati, cosicché quando ti guardava apparivano solo due riflessi lucidi, come due stelle solitarie in un cielo buio.

Cominciai a massaggiargli dolcemente le gambe per stimolarle.

«Svegliati, Bapuji», sussurrai.

Bapuji aprì gli occhi con un sorriso, come destandosi da un sogno lontano.

«Ah, sei tornato. Mi è sembrato come se fossi stato via intere settimane. Com'è andata?», chiese.

«Oh, come sempre. Abbiamo fatto la nostra parte, e

quelli hanno fatto la loro», replicai con il tono più calmo che potei.

La risposta sembrò soddisfare Bapuji, che cercò di tirarsi su a sedere lentamente.

«Adesso pranziamo», dissi, e gli portai riso e *daal*.

«Non ho molta fame», sospirò Bapuji.

«Ma devi mangiare. Non puoi sognare così tanto e digiunare», replicai.

«Hai ragione, sognare è un'attività faticosa. Chissà per quanto tempo viaggi quando sogni: forse giorni, anni, o perfino secoli».

Presi lo sgabello, diedi a Bapuji il suo piatto e mi sedetti con il mio. Avevo fame e mi misi a mangiare con appetito.

«La cosa buffa dei sogni è che a volte sembrano reali», continuò Bapuji. «Riesci quasi a sentirne il sapore, ma poi quando ti svegli ti scivolano via tra le dita come una manciata di terra prima che tu riesca a stringerla in mano per darle una forma. Gli unici sogni che ricordo sono quelli con te e la tua Ma».

Senza smettere di trangugiare il pasto, annuii. Bapuji non aveva ancora toccato il suo piatto. Gli indicai il cibo e feci una smorfia. Lui levò le mani in un gesto di resa e cominciò a mangiare.

«Forse non sono sogni quelli che fai su Ma e me. Potrebbero essere fantasie, oppure semplicemente dei ricordi», osservai.

«Mmm, è un'idea interessante. E tu cosa sogni, Bilal?».

Sogno che tu non muoia, Bapuji, avrei voluto dirgli. *Che Ma sia ancora qui con noi.*

«Quando dormo non sogno spesso, Bapuji. Ma sogno spesso a occhi aperti», replicai.

«E a cosa pensi?»

«Oh, sai, a come potrei migliorare a cricket, al fatto di volare in cielo come un'aquila, a quanto mi piacerebbe lavorare al mercato come organizzatore, cose del genere».

«Sono tutti dei bei sogni, tesoro», commentò Bapuji. Guardò nel piatto e levò una mano. «Più di così non riesco a mangiare, ragazzo mio. Per favore, non arrabbiarti con me; non ho molto appetito in questi giorni».

Non aveva mangiato quasi niente, ma solo spostato le vivande qua e là nel piatto. Glielo tolsi.

«Va bene, ma Doctorji mi ha detto di farti mangiare frutta fresca, quindi ti ho portato una melagrana. È bella matura. Puoi tagliarla nel tuo modo speciale, così ce la mangiamo insieme».

Bapuji mi prese la melagrana e il coltellino. Tenne il frutto con una mano e vi affondò il coltello facendo un taglio obliquo. Continuò a praticare tagli simili tutt'intorno, fermandosi prima dell'ultimo e guardandomi con un sorriso. Poi fece un'incisione circolare in cima, tolse il coltello e la melagrana si aprì come un fiore. Pietre rosse che gli brillavano come rubini nel palmo della mano.

Ventisei

La luce del sole filtrava dalle fessure di casa nostra, riempiendola di macchioline gialle. Aprii un occhio ancora gonfio di sonno e notai che i raggi tempestavano il muro di libri. Mi sollevai su un gomito per vedere quali volumi fossero colpiti dalla luce. Nonostante il sole, la stanza era ancora fredda.

Sentendo Bapuji che si muoveva mi misi a preparare del tè. Mentre mescolavo il liquido nel pentolino, Saleem si precipitò dentro e mi si accovacciò accanto.

«Tè per tre?», chiese.

«Non ho scelta, visto che mi stai col fiato sul collo!», esclamai con una gomitata che gli fece perdere l'equilibrio, mandandolo a gambe levate. Tornato serio, si mise seduto e mi osservò mentre versavo il tè nelle tazze.

«Bilal, il mio bapuji ci ha detto qualcosa l'altro giorno. Qualcosa su...».

«Bilal», chiamò Bapuji con voce roca dall'altra stanza.

Lasciai Saleem che sorseggiava il tè, presi la coperta dal mio letto e andai a coprire Bapuji fin sotto il collo. Lui si svegliò di colpo e vedendomi sorrise.

«Stavo ancora sognando», disse.

«Sogni sempre, Bapuji», replicai ridacchiando.

«Non sempre. In questo periodo non faccio che dormire».

Lo sollevai con un cuscino e gli diedi il suo tè fumante. Un raggio di sole che entrava dai bambù fuori dalla finestra gli illuminò il viso. Sotto quella luce così forte sembrava che avesse la pelle trasparente, potevo vedergli le vene sotto la superficie. Cercai di distogliere lo sguardo ma non riuscivo a smettere di fissare la pelle sottilissima, gli occhi infossati e i capelli arruffati. In quel gioco di luci e ombre pareva un teschio più che una testa. Guardai Bapuji che si sporgeva verso la luce per approfittare del suo calore. Mentre lo osservavo crogiolarsi al sole, mi fece venire in mente un fiore che si allunga per coglierne i raggi più forti. «Fiorire, vivere era naturale», diceva il signor Mukherjee. Gli tolsi la tazza dalle mani, diedi un bacio sulla fronte a Bapuji e lo aiutai a rimettersi coricato. Le palpebre gli erano tornate pesanti. Quando mi voltai per andarmene, mi afferrò dolcemente la mano.

«Bilal, mi sembra di scivolare via», disse piano.

«Non dirlo, Bapuji. Sei ancora qui», replicai.

Stringendomi la mano annuì. «Hai ragione. Ma vorrei comunque sentirmi ancora parte del mondo, in qualche modo. È da un po' che non mi porti il giornale, Bilal. Le notizie del mondo esterno mi ridarebbero un po' di energia, ne sono sicuro. Me lo porti, il giornale?»

«Certo, ma il problema è, ehm… che in questo momento c'è uno sciopero. Dovrai aspettare un po', per leggere le notizie».

«Strano. Deve essere uno sciopero importante se non consegnano i giornali. Ma finirà presto, no?»

«La settimana prossima dovrebbe tornare tutto normale e ti troverò il giornale. Ora riposa, vengo a trovarti più tardi».

«Va bene, Bilal, va bene», replicò. Chiuse gli occhi e si strinse addosso la coperta.

Tornai nell'altra stanza, dove Saleem stava ancora bevendo il tè accovacciato.

«Hai sentito?», chiesi.

Annuì e bevve un sorso enorme di tè. «Sì. Hai qualche idea?»

«Dobbiamo andare a trovare il signor Singh e convincerlo a stampare un giornale per noi», replicai.

«Chiedergli di stamparcelo? Addirittura?», domandò Saleem.

«Sì, addirittura». Detto ciò, uscii deciso e Saleem mi seguì.

Ventisette

[illegible]

Ventisette

Dall'altra parte del mercato, dietro le bancarelle delle spezie, si trovava la stamperia del signor Singh. Attraversammo il mercato di buon passo, e notai che alcune bancarelle, stranamente, erano vuote. Avvicinandomi alla stamperia cercai di ricordare qualcosa a proposito del signor Singh, ma non mi venne in mente niente di utile, a parte il fatto che era un coetaneo di Bapuji. Ricordavo vagamente che Bapuji andava a trovarlo quando doveva far stampare qualcosa per il consiglio. Mi fermai davanti alla porta e mi chiesi quale fosse il modo più efficace per avanzare la mia richiesta.

«Cosa gli dirai?», chiese Saleem.

«Non lo so ancora, ma tu assecondami», dissi, bussando alla porta.

Il signor Singh non sembrò affatto contento di vedere due ragazzini davanti alla porta. Ci guardò dall'alto al basso con un'espressione contrariata sul viso barbuto.

«Cosa volete?», ringhiò.

«Buongiorno, Singh-ji. Siamo qui perché vorremmo chiedere il vostro aiuto», cominciai.

«Aiuto per cosa?». Era sempre più accigliato.

«Allora, a scuola ci hanno assegnato il compito di realizzare un giornale. La maggior parte della classe lo farà a mano, ma noi abbiamo pensato che sarebbe bello presentarci con un giornale stampato. Vogliamo fare bella figura, vero, Saleem?».

Saleem mi guardava con gli occhi sbarrati e annuì lentamente. Mi misi ad annuire anch'io, poi gli diedi una pacca sulla spalla.

«Vorrei poter dire che l'idea è stata mia, invece è stato il nostro Saleem, qui, ad averla», esclamai allegramente.

Il signor Singh spostò l'attenzione su Saleem fissandolo con aria sempre più corrucciata, ritenendolo responsabile del disturbo. Saleem si concentrò su un sassolino che spingeva qua e là col piede. Il signor Singh aveva ancora una mano sulla porta e bloccava del tutto l'ingresso con la sua considerevole stazza. Si mise a far oscillare l'uscio avanti e indietro, come se non avesse ancora deciso cosa fare.

«E così è il signor Mukherjee che vi manda?», chiese, socchiudendo le palpebre.

Saleem si mise a tormentare il sassolino con rinnovata energia, e sotto lo sguardo minaccioso del signor Singh si fece piccolo piccolo.

«No, no, assolutamente no. Non possiamo parlarne al signor Mukherjee per due ragioni. Primo, vogliamo fargli una sorpresa, in modo che sia colpito dal nostro spirito d'iniziativa, secondo vogliamo evitare che qualcun altro in classe lo scopra, altrimenti verranno tutti qui a bussare alla vostra porta con una quantità di domande sciocche. E non è certo quello che vogliamo, vero, Singh-ji?», gli chiesi sicuro di me.

«No, certo che no», confermò il signor Singh, che aprì la porta con un sospiro per farci entrare. «Avanti, entrate, ma non toccate niente, non sedetevi e non fate domande sciocche».

«No, Singh-ji, va bene», risposi, afferrando Saleem per un braccio e trascinandolo dentro.

Il signor Singh scomparve in un'altra stanza e lasciò

soli me e Saleem; ne approfittammo per guardarci sorridendo, contenti di essere riusciti ad arrivare fin lì. Quando Singh-ji tornò, si sedette su uno sgabello che sembrava aver visto giorni migliori; e il peso considerevole di Singh-ji non gli aveva certo giovato.

«Allora, dov'è il testo da stampare? Vi avverto subito: non intendo scriverlo io né correggervelo. Dovrete prepararlo voi stessi, in modo che debba solo stamparlo. E poi vi posso fare solo una copertina, due pagine interne e una pagina finale. Più di così non posso, e lasciate che vi dica che è già molto generoso da parte mia».

Lanciai uno sguardo a Saleem e sorrisi. «Ma certo. Stiamo scrivendo il testo proprio adesso, sarà pronto tra qualche giorno. Vogliamo che sia perfetto. Sono sicuro che ci capite, Singh-ji».

Agitandosi con un brontolio sul suo sgabello traballante, il signor Singh mosse la mano impaziente. «Fatemelo avere per venerdì, altrimenti potrei cambiare idea».

«Stavamo pensando proprio a venerdì, vero, Saleem? Entro quel giorno ve lo porteremo, non ci sono problemi».

«Sarà meglio. Ma non dovete andare a scuola o qualcosa del genere? Avanti, sbrigatevi o arriverete in ritardo».

E con quelle parole ci spinse fuori e sbatté la porta quando fummo usciti. Rivolsi un sorriso radioso a Saleem. Lui mi cinse le spalle con un braccio e cominciò ad accompagnarmi verso la scuola.

«E ora non resta più che scrivere il testo. Cosa succederà quando il signor Singh lo leggerà?», chiese Saleem.

«Una cosa per volta, Saleem, più di così non posso fare», replicai.

Saleem annuì e ci mettemmo a correre per le strade insolitamente vuote.

Ventotto

Arrivammo a scuola in ritardo e ci nascondemmo dietro la porta, aspettando il momento in cui il signor Mukherjee si sarebbe girato per scrivere alla lavagna. Manjeet, che sedeva in fondo alla classe, ci vide e ci fece posto accanto a lui. Con un tempismo perfetto entrammo in aula in punta di piedi proprio mentre il signor Mukherjee era girato per mostrare qualcosa scritto alla lavagna.

Ci sedemmo velocemente e fissammo con grande concentrazione la lavagna, come se fossimo assorbiti dalle sue parole. Mi rilassai al suono confortante della voce del signor Mukherjee mentre pensavo a come mettere insieme il giornale.

Cosa scriverò? Non ho mai scritto tanto in vita mia.

Con il passare delle ore, però, cominciai ad agitarmi al pensiero del guaio in cui mi ero ficcato.

Scrivere un giornale? Ma com'è potuto venirmi in mente? E se il signor Singh lo dice a qualcuno? O se decide di chiedere qualcosa al signor Mukherjee a proposito del "progetto" che ci ha assegnato? O se venisse a casa a trovare Bapuji?

Quando dici la verità, nessuno batte ciglio. Anche quando menti nessuno batte ciglio. L'unica differenza è come ti senti. Più le menzogne ti fanno stare male, più incontri dei problemi. Decisi quindi di non stare male.

Un colpo tra le costole interruppe i miei pensieri. La scuola era finita e il signor Mukherjee stava per congedarci.

«Ci vediamo domani. Non dimenticate i libri. Possono andare tutti meno Bilal e Saleem: vorrei parlarvi un momento».

Strascicammo i piedi in attesa che l'aula si svuotasse, poi ci avvicinammo alla cattedra del signor Mukherjee. Lui continuava a raccogliere fogli e documenti mentre noi aspettavamo, cercando di non lanciarci degli sguardi. Saleem stava facendo una specie di balletto, saltellando da un piede all'altro, e con una smorfia stampata in faccia. Infine il signor Mukherjee alzò lo sguardo.

«Allora, perché siete arrivati tanto in ritardo stamattina? Le lezioni iniziano sempre alla stessa ora, e voi due abitate a cinque minuti a piedi da scuola. Ci sono dei ragazzini che vengono dai villaggi circostanti e arrivano sempre puntuali. Allora, qual è la vostra giustificazione?».

Saleem si stava ancora agitando e non sembrava in grado di rispondere, così mi schiarii la voce.

«Be', Masterji, ehm... Saleem è passato a prendermi per venire a scuola insieme a me. Ho preparato del tè per Bapuji e, mentre stavamo per partire, mi sono accorto che mi ero dimenticato di preparargli la medicina, così ho dovuto farlo, e alla svelta. Saleem si è offerto di aspettarmi e quindi siamo arrivati entrambi in ritardo».

Raccontare bugie sta diventando sempre più facile.

Il signor Mukherjee ci guardò fisso, poi si alzò e controllò l'ora sul suo orologio da taschino.

«Questo non spiega perché siete apparsi in classe come per magia. Perché non avete aspettato sulla porta e non me lo avete spiegato al vostro arrivo, invece di entrare di nascosto?»

«Non volevamo disturbare la lezione, Masterji. Pensavamo che...».

«No, stai mentendo. E tu cos'hai, Saleem? Perché mi fai delle smorfie del genere?»

«Masterji, signore, devo proprio andare in bagno».

«Vai, allora. Non voglio una pozzanghera in classe, non dopo quello che ha combinato Amit l'ultima volta. Sbrigati».

Saleem uscì lentamente dalla classe, in punta di piedi, attento a evitare i movimenti bruschi.

Il signor Mukherjee si tolse gli occhiali e si stropicciò gli occhi.

«Cos'hai, Bilal?»

«Niente, Masterji, non ho niente», replicai alzando le spalle.

«So che è un momento difficile per te per via del tuo bapuji, però devi… sfogarti. Non puoi tenerti dentro ciò che provi, altrimenti un giorno finirai per esplodere».

Meglio tenerlo dentro che farlo uscire, pensai. *Chi capirebbe?*

Il signor Mukherjee sospirò e mi fece sedere mettendomi una mano sulla spalla con una leggera pressione.

«Non c'è niente che vorresti dirmi?»

«Non c'è niente da dire, io… io…». Balbettando, cercai di togliermi di dosso la mano del signor Mukherjee che però non si mosse.

«Dimmelo, ti prego», insisté.

«Non so cosa volete che vi dica, Masterji, davvero. Io… non c'è niente da dire», risposi, sentendomi esausto all'improvviso. La mano del signor Mukherjee sembrava pesare quanto un sacco di patate.

Saleem tornò in aula e mi si fermò accanto. Mi posò la mano sull'altra spalla.

«Diglielo, Bilal», mi incoraggiò a voce bassa.

Sentendomi ferito, alzai lo sguardo su di lui. *Non tradirmi!*

«Non puoi farti carico sempre di tutto, Bilal. Io posso aiutarti, ma non sono l'unico. Dillo a Masterji».

Cosa sta dicendo? Scossi il capo e fui assalito da pensieri, ricordi, idee, bugie, progetti, sogni... Mi piegai, sentendomi l'intestino che mi si torceva dal dolore. Il signor Mukherjee mi si inginocchiò accanto e mi parlò con dolcezza mentre Saleem assumeva un'aria preoccupata.

«Respira, Bilal, e rilassati. Hai un peso allo stomaco e ti devi rilassare. Respira».

Dopo qualche respiro profondo sentii lo stomaco rilassarsi progressivamente, e la tensione divenne un dolore sordo. Saleem si sedette sul pavimento vicino a me.

«Non vado da nessuna parte. Su, racconta. Comincia dall'inizio», disse il signor Mukherjee tornando a sedersi.

Lanciai un'occhiata a Saleem che annuì per incoraggiarmi. Guardando il signor Mukherjee mi accorsi che aveva occhi dolci e buoni, come quelli di Bapuji.

«Tutti raccontano bugie...», cominciai.

Quando ebbi finito, il signor Mukherjee sembrava stordito. Estrasse l'orologio dal taschino e iniziò a camminare avanti e indietro per la stanza.

«Forse deve andare in bagno anche lui», mi bisbigliò all'orecchio Saleem, cercando di farmi ridere. Ma non ero dell'umore giusto per le battute.

Avevo appena raccontato al signor Mukherjee la verità e, anche se era stato difficile, mi sentivo molto meglio. Il peso che avevo portato sulle spalle si era alleggerito. Il signor Mukherjee smise infine di camminare e si rimise seduto. Vedevo che stringeva i denti e aveva l'aria stanca.

«Bilal, voglio molto bene al tuo bapuji per tutto quello che ha fatto per me: si è battuto per procurarmi questo lavoro. Quando ho saputo che stava morendo sono rimasto sconvolto, quindi Dio solo sa come devi sentirti tu. Mi vergogno per non essere venuto a trovarlo, ma è difficile per me vederlo in quello stato». Il signor Mukherjee si raddrizzò sulla sedia e inforcò gli occhiali. «Non so ancora come la penso su quello che stai facendo, ma una cosa te la voglio dire.

«Siccome amo il tuo bapuji, e capisco perché tu, suo figlio, stia facendo questo per lui, e mi rendo conto di quanto tutto ciò debba essere difficile per te, ti aiuterò. Per adesso non so ancora come, ma ti aiuterò».

Saleem si mosse di fianco a me e si lasciò sfuggire un profondo sospiro di sollievo. *Il signor Mukherjee ci darà una mano!*

«Il tuo segreto è al sicuro con me», mi promise con voce dolce.

In preda alla commozione borbottai un grazie e feci per andarmene, ma Saleem mi bloccò.

«In realtà, signor Mukherjee, avremmo bisogno del vostro aiuto fin da ora. Sapete, dobbiamo scrivere un giornale, entro venerdì».

«Avanti, meglio che mi diciate subito tutto», disse lui. Così Saleem raccontò al signor Mukherjee tutta la storia.

«Solo a te poteva venire in mente, Bilal! Non mi stupisce affatto. Ma ho promesso di aiutarti e lo farò. Come suggerisci di procedere per creare il giornale?»

«È tutto organizzato. Se noi lo scriviamo, il signor Singh ce lo stamperà», replicai.

«E perché farebbe una cosa del genere?», chiese il signor Mukherjee.

«Perché gli abbiamo detto che era per un progetto assegnatoci a scuola», intervenne Saleem.

Il signor Mukherjee sgranò gli occhi e scosse il capo. «Bene, vedo che voi due avete già fatto grandi progressi. Dovrò mettercela tutta per recuperare il tempo perduto».

Saleem si alzò all'improvviso. «Devo andare», dichiarò. Sembrava agitato.

«Cosa c'è?», chiesi.

«Oh, niente. Devo solo tornare a casa e aiutare il mio bapuji a fare una cosa. Passerò da Chota e gli dirò che sei con il signor Mukherjee».

«Ah, sì, la vedetta. Tipico di quel monello trovare un buon motivo per marinare la scuola. Proprio lui che avrebbe bisogno di venirci più di chiunque altro».

«Signor Mukherjee, avete promesso di aiutarci», protestai. «Se Chota non resta sul tetto, non abbiamo modo di sapere chi prova ad andare a trovare Bapuji».

«Sì, certo, capisco», replicò. «Di' a Chota che saremo da me se ha bisogno di noi. Devo tornare a casa prima che la signora Mukherjee venga a cercarmi».

Saleem acconsentì e uscì svelto dall'aula. Il signor Mukherjee raccolse le sue carte e le infilò nella valigetta. Poi mi lanciò un'occhiata.

«Cosa c'è? Hai ancora l'aria preoccupata. È per via di Saleem?», chiese.

«Sì, sta nascondendo qualcosa ma non so cosa».

«E tocca proprio a te capire e risolvere i problemi di tutti?»

«No, non è quello. Ma so che c'è qualcosa che non va. Perché non me lo dice? Di solito mi racconta tutto».

«Lasciagli un po' di tempo e forse verrà a confidarti il problema che lo assilla. Probabilmente non gli va di scaricare su di te anche quel peso», suggerì il signor Mukherjee chiudendo la scuola e precedendomi lungo la strada.

«Sì, forse», replicai, poco convinto.

Forse il signor Mukherjee aveva ragione. Avevo altre preoccupazioni in quel momento. Saleem me ne avrebbe parlato se si fosse trattato di una cosa seria. Per una volta non avrei insistito perché si confidasse, e avrei aspettato invece che fosse lui a parlarmene.

Ventinove

Il signor Mukherjee era molto intelligente. Si era diplomato primo della classe in tutte le scuole che aveva frequentato, e il suo unico sogno era fare l'insegnante. Sapeva che la nostra combriccola avrebbe sempre avuto difficoltà con concetti superiori e modi di pensare diversi. Era già un miracolo che fosse riuscito a convincere il consiglio della città della necessità di una scuola; fortunatamente il signor Mukherjee aveva trovato in Bapuji uno dei suoi sostenitori più convinti. Di conseguenza i commercianti del mercato avevano accettato, seppur di malavoglia, che i loro ragazzi imparassero a fare di conto e conoscessero la storia del loro Paese, anche se molti tenevano a casa i figli per farsi aiutare con le bancarelle. Il signor Mukherjee non si stancava di passare dal mercato per chiedere ai mercanti di mandare a scuola i figli, ripetendo senza sosta che la loro istruzione sarebbe stata vantaggiosa per la famiglia, gli affari e l'intera comunità.

Il signor Mukherjee aveva una casa nella via della scuola dall'altra parte della strada. Era molto più grande della nostra ed era formata da quattro stanze distinte, che comprendevano uno studio, un locale che fungeva da sartoria e una cucina. Era una casa calda e accogliente. Le finestre erano spalancate e la luce dorata del sole rischiarava l'interno. Il pavimento sembrava essere stato spazzato di fresco ed era coperto di soffici tappeti. I cuscini sul *charpoi* erano appena stati sistemati e, gonfi com'erano, sembravano molto confortevoli. Mi sedetti su una sedia bassa e pensai a casa nostra, guardandomi attorno. Le nostre due stanzette ammuffite puzzavano di pelle, di libri, di polvere e di qualcos'altro. *Sapevo che odore era.* Puzzavano di morte. Lì, invece, l'odore era diverso. Lì *viveva* della gente.

Mi appoggerò con la testa un secondo mentre aspetto il signor Mukherjee. Cos'è questo buon profumo? Me lo ricordo. Era il preferito di Ma. Cos'era? Ah, sì, ora ricordo: gelsomino...

Sentendo una mano che mi accarezzava il capo aprii un occhio ancora mezzo addormentato e vidi una donna con un sari bianco che mi sorrideva. *Ma?*

«Bilal, è ora di svegliarti. Vieni a mangiare con noi», disse la signora Mukherjee.

Mi tirai su a sedere stropicciandomi gli occhi. Il signor Mukherjee era seduto sul pavimento, in attesa, e mi fece segno di andare a sedermi accanto a lui. La signora Mukherjee mi spettinò i capelli e si sedette anche lei per terra.

«Vai a lavarti via il sonno dagli occhi, Bilal», disse.

Uscii e aprii il rubinetto, spruzzandomi un po' di acqua fredda in faccia. Poi mangiammo in un silenzio tranquillo con la signora Mukherjee che mi riempiva il piatto di cibo. Una volta finito ci rilassammo, soddisfatti e con la pancia piena.

Guardando la casa e i signori Mukherjee mi sentii assalire da una profonda tristezza. *Questo è tutto ciò che voglio ma che non avrò mai.* Sentendo le lacrime bruciarmi le guance, borbottai che dovevo andare in bagno. Seduto sul gabinetto cominciai a pensare a tutte le scuse che potevo trovare per andarmene. Dopo qualche minuto la signora Mukherjee venne a controllare come stavo.

«Bilal, tutto bene? Esci, ho preparato del tè».

«Vengo», bofonchiai.

Tornai di là, dove entrambi mi stavano aspettando. La signora Mukherjee mi allungò una tazza di tè, invitandomi a sedermi. Il signor Mukherjee mi studiò da sopra gli occhiali.

«Bapuji si starà preoccupando per me, tra poco devo andarmene», mormorai.

Il signor Mukherjee guardò sua moglie sollevando le sopracciglia. «Vedi? Te l'avevo detto», commentò.

Spostando lo sguardo dall'uno all'altro mi accigliai. «Cosa?», chiesi.

«Ho raccontato alla signora Mukherjee che non stai mai fermo», spiegò il signor Mukherjee. «Non riesci a stare seduto o immobile. E quando lo fai, anche se solo per un momento, ti arrabbi con te stesso e ti rimetti in moto, come stai cercando di fare adesso».

La signora Mukherjee mi si sedette accanto e mi prese la mano.

«Bilal, il signor Mukherjee mi ha raccontato tutto. Mi ha detto quello che hai promesso di fare», mi disse.

«Pensate che sia uno sciocco, non è vero?», chiesi.

«No, trovo che tu sia un ragazzino molto coraggioso. Ma nessun bambino dovrebbe sobbarcarsi un'impresa del genere da solo».

«Ma non c'è nessun altro», protestai con voce pacata.

«E tuo fratello maggiore? Deve pur prendersi le sue responsabilità e condividere con te questo fardello».

«Ha le sue, di preoccupazioni. E poi non posso parlarne con lui, non capirebbe», replicai.

«Fino a oggi pensavi che neanche io avrei capito», gli fece notare il signor Mukherjee. «Devi metterlo alla prova, Bilal».

«La prossima volta che Rafeeq viene a casa gli parlerò», promisi. *Sempre se un giorno ci ritorna, a casa.*

Soddisfatta, la signora Mukherjee andò in cucina e tornò con del cibo che voleva darmi da portare a casa. Notai che aveva gli occhi rossi, come se avesse pianto. Presi l'involto di cibo e la ringraziai a mezza voce. Lei mi abbracciò e mi strinse forte.

«Andrà tutto bene, Auntie-ji[1]. Adesso che ve l'ho detto andrà tutto bene, le cose diventeranno più facili di giorno in giorno».

È più facile mentire, più facile imbrogliare, più facile pensare solo a quello che devo fare.

Il signor Mukherjee mi aspettava sulla soglia.

«Bilal, domani non verrai a scuola», dichiarò.

«Ah, no?»

«No. Resterai a casa a lavorare sul giornale. Ti ho scritto qualche istruzione che potrai seguire, ma credo che dovresti essere tu a scriverlo. Ti aiuterò, naturalmente, ma dovrebbero essere parole tue».

«Ma Masterji, io non so niente su come si scrive un articolo. Da dove comincio? Cosa devo dire?»

«Comincia con la verità e prendi il via da lì», replicò.

Mi allungò diversi giornali recenti e qualche foglio di carta con degli appunti.

«Ecco, prendi questi, ti suggeriranno dei modi per cominciare. E domani sera ci lavoreremo insieme».

Uscendo di casa feci un sorrisetto.

[1] Zietta (*n.d.t.*).

«Mi è appena venuto in mente un titolo, Masterji», affermai.

«Quale?»

«*Una sola India*!», replicai.

«Mi sembra un titolo perfetto, Bilal», mi incoraggiò gentilmente salutandomi con la mano.

Camminando verso casa provai un certo ottimismo, cosa che non mi succedeva da parecchio tempo.

Trenta

Il giorno dopo mi svegliai presto, deciso a mettermi al lavoro con il giornale. Bapuji dormiva ancora profondamente, e io sorseggiavo del *chai* bollente mentre mi godevo il silenzio. Delle urla violente infransero la quiete.

«Figlio di un cane, ti prenderemo, vedrai!».

«Certo che lo vedrai, figlio di uno scarafaggio, certo».

Mi avvicinai di soppiatto alla porta e sbirciai fuori: vidi mio fratello che si avvicinava a casa di spalle, camminando all'indietro. Stava ancora gridando contro un paio di ragazzi un po' più in là, sulla strada.

Non portare grane qui, Rafeeq, pensai. *L'ultima cosa che ci serve è che nascano problemi nella nostra strada.* Guardai attentamente gli altri ragazzi. *Perché non se ne vanno?* Poi capii. Stavano aspettando di vedere in quale casa entrava. Per un attimo fui colto dal panico: se fosse entrato, avrebbero capito che era casa sua e in futuro ci sarebbero stati altri guai. Strinsi i pugni. *Non venire qui, non provarci neanche a entrare.* Gli altri ragazzi fecero qualche passo nella nostra direzione, ma lentamente. Mi sentii combattuto. Era mio fratello, dopotutto. Ma si trattava di un problema suo, e fratello o no non doveva portare i suoi problemi a casa. Ancora indeciso continuai a fissare i ragazzi. Erano più piccoli di mio fratello e, se si fossero battuti, lui sarebbe probabilmente riuscito a tenere loro testa o perfino a dar loro una bella lezione. Forse era per quello che non avanzavano.

Poi raccolsero dei sassi. Mio fratello era a pochi passi da casa. *Non entrare, sciocco!* Si fermò proprio fuori dalla porta ma non guardò dentro. Cominciò invece a lanciare terribili insulti agli altri due. Loro, furiosi, cominciarono a gettargli i sassi, ma erano troppo lontani per fargli del male. Bhai li stuzzicò ancora un po' e raccolse lui stesso una pietra ai suoi piedi. Così facendo spinse qualcosa dentro casa con un calcio. Era un sassolino con avvolto intorno un foglietto.

Lessi il messaggio. "Incontriamoci dietro i barili in fondo al *maidan* alle dieci di stasera".

Tornai a nascondermi dietro la porta e guardai mio fratello che, dopo aver scagliato qualche altro sasso, girò tranquillamente a destra e scomparve. I ragazzi imprecarono e gli corsero dietro. *Non lo prenderanno mai*, pensai. *Conosce queste strade meglio di chiunque altro.*

Scuotendo il capo tornai al lavoro. Quella sera gli avrei detto che ce la cavavamo meglio senza di lui. Avrei trovato il modo di fargli capire quello che stavo cercando di fare e avrei messo in chiaro che non doveva più tornare a casa.

Trentuno

Quella sera ero ancora arrabbiato mentre mi avviavo verso i barili. Ma perché ogni volta che pensavo a mio fratello maggiore provavo tanto rancore? Non avevo voglia di picchiarlo, ma avevo dentro una rabbia che bruciava, facendomi male, e che a volte sembrava possedere una voce tutta sua. Quella voce voleva chiedergli: "Quando è cambiato tutto quanto? Quando abbiamo smesso di essere fratelli e siamo diventati degli estranei?". Anche mio fratello aveva sempre considerato Bapuji un eroe, ma negli ultimi anni Bhai era cambiato. Discuteva sempre con Bapuji e non tornava a casa. Per molto tempo non capii cosa stesse succedendo: Bapuji non litigava mai e non perdeva mai la pazienza. Un giorno compresi che la ragione delle loro discussioni era proprio quella: loro due erano l'opposto, come il freddo e il caldo. Bhai s'inalberava subito e Bapuji restava sempre calmo. Qualunque cosa dicesse Bapuji, Bhai lo contraddiceva. Più Bapuji era tranquillo e più Bhai si infuriava. E le cose peggiorarono quando si misero a parlare di politica. Era stato allora che Bhai se n'era andato di casa.

Mi resi conto che stavo quasi correndo, così rallentai e feci un respiro profondo.

Non serve a niente essere arrabbiato con Bhai adesso. Lui ha fatto la sua scelta e io la mia. L'unica cosa importante è che non si intrometta in ciò che sto facendo.

Quando arrivai nei pressi del mucchio di barili, feci un

giro per vedere dove si fosse cacciato, ma c'erano troppe ombre in cui poteva essersi appostato. All'improvviso sbucò una mano che mi afferrò il colletto e mi trascinò in una zona buia.

«Metti giù le mani!», gli gridai.

«Zitto, o ti farai sentire da tutta la città, scemo!».

Mi liberai dalla sua presa e lo spinsi via. Poi lo fronteggiai. «E così sarei io lo scemo? Non sono certo io a farmi inseguire in strada da dei poco di buono. Non sono io a procurare i problemi a casa, o no? Se io sono uno scemo, allora tu cosa sei?».

Accigliato, Bhai si accese una sigaretta e si mise seduto su una botte.

«No, certo, me ne ero dimenticato. Tu sei un santo, non è vero, Bilal? San Bilal il Virtuoso. Così giovane e così saggio», osservò con ironia; dalla sua bocca uscivano nuvole di fumo.

Feci un respiro profondo. *Devi pensare solo a quello che sei venuto a fare. Resta calmo.*

«Perché volevi vedermi?», gli chiesi.

Contrariato per non essere riuscito a farmi arrabbiare, mi puntò contro la sigaretta. Era molto buio e riuscivo appena a scorgergli il volto seguendo la brace del mozzicone. La luce fioca disegnava delle forme bizzarre nell'aria mentre ascoltavo quella voce familiare. La stessa voce che da piccolo mi leggeva le storie.

«Volevo sapere come stava il vecchio e che intenzioni avevi».

«Quali intenzioni?», gli domandai.

«Ne abbiamo già parlato l'altra volta, Bilal. Questo posto sta per andare in malora. Sta per esplodere tutto. Non vorrai essere qui allora, e nemmeno il vecchio».

«E io ti ho detto l'altra volta che non andrò da nessuna parte e tantomeno lui».

«Ma Bilal, questi non ci vogliono tra i piedi. Perché restare?»

«Perché questa è casa nostra, Bhai. Bapuji è cresciuto qui. Noi veniamo da qui. Non so neanche come sia fatto questo nuovo Pakistan. Che cosa potremmo fare laggiù?»

«Ma non è questo il punto, la questione è...».

«Questo *è* il punto. Almeno per me e Bapuji. Se te ne vuoi andare, vattene, ma noi restiamo qui».

«Proprio non capisci. Per me ora è un po' complicato venire a casa, ma troverò il modo per parlare con il vecchio. Magari non avrà intenzione di muoversi di lì, ma almeno lascerà andare te».

«Non provarci neanche ad avvicinarti a casa», gli sussurrai. «Non è per questo. È che non sei più il benvenuto a casa, Bhai».

«Che diavolo stai dicendo, Bilal?».

Bhai ora aveva un tono irato e sorpreso allo stesso tempo. Lo stomaco contratto mi faceva un male terribile, e dovetti reprimere un grido. *Deve sapere. Diglielo.* E così feci.

Dopo che gli ebbi raccontato tutto, si appollaiò su un barile sforzandosi di comprendere. La sigaretta che aveva tra le dita si consumò fino a raggiungere la carne e bruciarlo. Sobbalzò e imprecò, poi la gettò via e ne seguì la traiettoria con lo sguardo. Un attimo dopo se ne accese un'altra.

«Non puoi farlo, Bilal», disse a voce bassa.

«Lo sto già facendo. E non ho intenzione di fermarmi

adesso», replicai io ostentando una sicurezza che non avevo.

«Ma è una bugia, Bilal. Gli stai mentendo. È tutta una menzogna!», esclamò quasi gridando.

Ogni volta che pronunciava la parola "bugia" era come una lama che mi affondava nello stomaco, ma non aveva importanza. Non più.

«Sì, è una bugia. Ma se parliamo di verità, se *tu* sei la verità, allora preferisco la menzogna».

«Ma non ti rimorde la coscienza, Bilal? Bapuji ha fiducia in te tanto da lasciare che ti prenda cura di lui, ed è sicuro che gli racconti la verità. Come puoi fargli una cosa del genere?»

«Facile. Gli voglio bene, più che a chiunque altro. E se tu fossi rimasto, se avessi deciso che ti andava bene essere come lui, allora avresti capito anche tu».

«No, non capisco».

«Non m'interessa. Basta che non vieni a casa a rompere le scatole con la tua "verità". È brutta e non ne vogliamo sapere nulla».

Riuscivo appena a intravedere il suo volto alla luce della luna. Le lacrime gli scorrevano lentamente sulle guance e luccicavano come perline.

«Bilal, non deve per forza finire così».

Evitai di guardarlo in faccia per non perdermi d'animo.

«Sì, invece».

Lasciai Bhai seduto sul barile con la sigaretta accesa tra le dita. Il mio ultimo pensiero, prima di voltarmi e andarmene, fu che se non fosse stato attento si sarebbe bruciato ancora, ma se non aveva capito la lezione la prima volta, non potevo fare niente per lui.

Trentadue

Venerdì Saleem e io tornammo alla tipografia del signor Singh, molto soddisfatti di noi stessi. Avevo lavorato parecchio alla stesura del giornale tutta la settimana, scrivendo per giornate intere e trascorrendo le serate con il signor Mukherjee. Il signor Singh aprì la porta e ci invitò a entrare con un ringhio. Prese i fogli di carta consumati e ci disse di ritornare un'ora dopo, quando sarebbe stato pronto a stampare.

Nell'attesa, salimmo sul tetto e ci sedemmo con Chota che balbettò qualcosa circa un combattimento tra galletti che stava per cominciare. «Ma non un combattimento qualsiasi. Il più importante di tutti». Gli promettemmo di tornare più tardi e ci ripresentammo a casa del signor Singh, molto meno sicuri di noi stessi rispetto a poco prima.

Bussai e trattenni il respiro. Si spalancò la porta e una voce squarciò il silenzio.

«Voi due. Entrate subito».

Saleem mi spinse dentro ed entrammo in casa. Il signor Singh ci aspettava in piedi a braccia conserte. Era difficile dire se fosse arrabbiato, perché aveva sempre l'aria corrucciata.

«Cosa diavolo vi è venuto in mente di scrivere?», domandò indicando i nostri fogli di carta.

«Non certo le notizie che vi aspettavate», rispose Saleem, parlando prima ancora di pensare.

«No, *non sono* le notizie che mi aspettavo. Sono questi i compiti che vi hanno assegnato? Scrivere queste, queste...».

Su, dillo. Singh-ji, lo sai di cosa si tratta.

«Queste bugie. A cosa serve mentire in questo modo, eh?»

«Volevamo solo scrivere qualcosa di diverso, tutto qua, Singh-ji, un po' come dire: "E se le cose fossero andate diversamente?". Capite?», farfugliò Saleem, guardandomi in cerca di aiuto.

«Abbiamo un buon motivo per farlo. Lo stamperete?», chiesi, interrompendo così il balbettio di Saleem.

«Stampare queste... queste stupidaggini? No, nel modo più assoluto. Sono fandonie, invenzioni e menzogne. Sarebbe solo uno spreco di inchiostro», rispose il signor Singh mentre si sedeva sul suo sgabello sgangherato e scuoteva la testa.

«Va bene», dissi io, e uscii mentre Saleem si scusava con il signor Singh, che era rimasto senza parole.

Presi a camminare lungo la strada, ma mi fermai nel sentire Saleem che mi chiamava.

«Ma che ti è preso? Se glielo avessi spiegato con calma, magari avrebbe accettato», esclamò Saleem esasperato.

«Ho lavorato tanto per quel giornale, Sal, ma ha ragione lui. Sono tutte bugie. Forse le menzogne dette ad alta voce volano via come foglie al vento, ma se le mettiamo per iscritto lasciamo un documento della nostra bugia. La nostra bella bugia».

Udimmo delle grida alle nostre spalle e vedemmo il signor Singh che ci correva dietro.

«Dove state scappando adesso?», domandò con il fiatone.

«Avete detto che non l'avreste pubblicato. Cos'altro c'è da aggiungere?», risposi.

Saleem brontolò.

Il signor Singh si mise le mani sui fianchi. «C'è dell'altro, qualcosa che non mi avete detto». Strinse gli occhi e mi guardò da vicino. «Non sei il figlio di Ghulambhai?».

Per un attimo pensai di mentire, ma Saleem mi rifilò una gomitata sulle costole e mormorai: «Sì».

Il tipografo imprecò sottovoce. «Dobbiamo parlare», dichiarò, e ci condusse a casa sua dove ci versò due tazze di tè e ci fece cenno di sederci.

«Conosco tuo padre da quando sono bambino. Ha qualche anno più di me. Andavamo a scuola insieme». Indicò la macchina per stampare e sorrise. «Sapevi che il tuo bapuji mi ha aiutato a mettere insieme i soldi per comprarla? No, scommetto di no. È sempre stato fissato con i libri e la carta stampata in qualunque forma, e ha sempre pensato che questa città dovesse stamparsi il proprio giornale e i volantini. E siccome io ero l'unico che sapeva scrivere e correggere i testi questo compito spettava a me, ma senza una macchina da stampa era impossibile. Il tuo bapuji ha convinto il consiglio della città a raccogliere i fondi e a prestarmeli per acquistarne una, e così è nato il mio mestiere. Senza il suo aiuto io sarei ancora… non so proprio cosa starei facendo adesso».

Sentii Saleem che mi fissava. Mimai con la bocca: "Cosa?", e lui replicò, sempre senza emettere suono: "Diglielo".

Se Saleem farà di testa sua, lo saprà tutta la città.

«Signor Singh-ji», intervenni, «se conoscete davvero il mio bapuji come dite, forse potete capire perché ho scritto quel giornale».

* * *

Quando ebbi finito di spiegargli, il signor Singh scorse rapidamente le pagine e scoppiò in una risata sguaiata che rimbombò per tutta la stanza. La sua espressione ora era più gentile e lo sguardo bonario.

«Ne sei sicuro? Io voglio bene al tuo bapuji come a un fratello, ma siamo proprio sicuri che questa sia la cosa giusta?», domandò sottovoce.

«Qual è l'alternativa, signor Singh-ji?».

Alzò lo sguardo al cielo e disse una rapida preghiera sottovoce: «Oh guru, guidaci tu».

Tirò via il telo sporco d'inchiostro che copriva la macchina e poi si voltò verso di noi con le mani sui fianchi.

«Ci penso io, sarà stampato entro domani. Ora andate, devo concentrarmi e sistemare in qualche modo questo testo un po' sconclusionato. Avanti, fuori dai piedi».

Trentatré

Ero davanti ai tre santoni con lo sguardo basso. Avevano già cercato di passare a trovare Bapuji in quattro occasioni diverse, ma ogni volta ero riuscito a convincerli che stava dormendo o che non si sentiva bene. Tuttavia, quella volta non vollero andarsene. Sapevo che, se glielo avessi raccontato, prima o poi tutta la città avrebbe saputo la verità, o meglio, la bugia di cui mi ero reso colpevole. D'altra parte, dicendoglielo avrei reso a tutti la vita più facile. Così mi misi bello dritto e raccontai loro il mio piano.

«Ci hai mentito!», gridò il reverendo.

«È moralmente inaccettabile», aggiunse l'imam.

«Il tuo bapuji deve sapere la verità», concluse il *pandit*.

«Cosa penserebbe Dio di tutto ciò?», esclamò il pastore.

«Non so cosa direbbe Dio perché non gliel'ho chiesto. Ma credo che, se lo facessi, capirebbe», risposi con tranquillità.

Saleem mi venne accanto, guardando in cagnesco i tre santoni, e Manjeet si piazzò davanti alla porta con aria di sfida, pulendosi i denti con un ramoscello.

«Capirebbe?», mi fece eco il reverendo. «Ma, caro il mio ragazzo, questa non è la verità, è una bugia. Il tuo bapuji sta mo...».

«Sentite, Pandit-ji, Imam-ji e Reverend-ji», cominciò Saleem alzando la voce.

«No, Saleem, va tutto bene», intervenni io.

«No, non va bene per niente», ribatté lui, parandosi davanti a me. «Non va bene che vengano e si comportino così fuori dalla casa di Bilal. Non va bene che accusino le persone di essere qualcosa che non sono e non va bene che... che...».

«Sal...», lo interruppi di nuovo.

«Quindi, per favore, andatevene e lasciateci fare quello che dobbiamo fare», riprese Saleem.

«Baghvan, guida questi ragazzi sul cammino della verità», disse il *pandit*.

«Allah, perdonali», aggiunse l'imam.

Rimasi a guardare compiaciuto, mentre Saleem inveiva contro i tre santoni intenti a esprimere tutto il loro biasimo nei miei confronti. Manjeet continuava a pulirsi i denti, e si divertiva a osservare Saleem che sputava veleno contro i tre religiosi. Alla fine, misi una mano sulla spalla di Saleem che si girò, smise di gridare e fece un passo indietro. Guardai i tre uomini, uno a uno, e alzai le mani. Smisero di parlare. La loro disapprovazione era quasi palpabile.

«Volete che dica la verità?», chiesi.

Tutti insieme mormorarono di sì e annuirono.

«Siete convinti che sia la cosa migliore da fare?», domandai.

Ancora una volta fecero cenno di sì, e il movimento fu accompagnato da un tintinnio di perle e catenine contro la stoffa pesante.

«Bene. Pandit-ji, quando siete venuto la prima volta qui a svolgere le vostre funzioni, avete detto a tutti che il vostro maestro era stato un famoso guru di Delhi, ma tutti sanno che venite da Chennai e che non siete mai stato a Delhi».

«No, non è proprio così...», farfugliò il *pandit*.

«Imam-ji, avete raccontato a tutti che vostro figlio è impiegato in un importante posto governativo, ma sappiamo tutti che è un bandito e vive in un villaggio vicino a Batala».

«No, no. Voglio dire: sì, vive vicino a Batala, ma non è...».

«E voi, Reverend-ji, quando è stata l'ultima volta che qualcuno si è venuto a confessare?»

«Ah, be', è da un po'... È un periodo di magra... Siamo una piccola comunità...».

«Reverend-ji, non c'entra per caso il fatto che quando vi ubriacate vi divertite a raccontare a tutti le confessioni delle vostre pecorelle?»

«Gregge, si dice gregge», rispose il reverendo.

«Avete capito benissimo», replicai io. «Avete capito tutti».

Saleem e Manjeet mi guardavano a bocca aperta. Passai loro davanti e aprii la porta invitando i tre uomini a entrare.

«Siete i benvenuti. Bapuji sarà impaziente di ascoltare la vostra verità», dissi.

I tre non si mossero di un millimetro in quella strada silenziosa.

«Non vogliamo disturbarlo se sta dormendo...», esordì il reverendo.

«Sì, ha bisogno di riposare. Non gli farebbe bene chiacchierare con tre vecchi come noi...», continuò l'imam.

«Esatto, esatto. Porgigli i nostri saluti, Bilal. Che Dio l'aiuti», terminò il reverendo.

Il *pandit* chiuse gli occhi e cominciò a pregare. L'imam alzò le mani verso il cielo e si dondolò mentre invocava

Allah senza emettere alcun suono. Il reverendo cominciò a sgranare il rosario con lo sguardo perso nel vuoto.

«Grazie per essere venuti», dissi.

«Di niente, caro ragazzo. Digli che è nelle nostre preghiere», rispose il prete.

Mentre li guardavo allontanarsi, mi lasciai scivolare contro il muro e mi sedetti.

«Bilal, è stato...», cominciò Saleem.

«Sapevo che prima o poi la gente avrebbe scoperto il mio progetto, ma non mi piace quello che ho appena fatto», risposi.

«Ma Bilal, tu...», farfugliò Saleem, cercando di trovare le parole giuste.

«Gli hai detto quello che si meritavano, Bilal», intervenne tranquillo Manjeet. «Se non volevano sentire certi discorsi, non avrebbero dovuto comportarsi in quel modo. E, soprattutto, non dovrebbero andare in giro a dire alla gente come vivere».

«Grazie, Manjeet, adesso sto un po' meglio», risposi.

Manjeet annuì e si lasciò scivolare accanto a me. Saleem era ancora in piedi, in cerca delle parole giuste, ma vi rinunciò, alzando gli occhi al cielo, e si sedette pure lui al mio fianco.

«Hai visto che facce hanno fatto?», domandò Saleem ridacchiando.

«È stato proprio divertente», aggiunse Manjeet.

«È difficile spiegarlo, è come se loro... non so come dirlo», cominciò Saleem.

«Come se fossero rimasti quasi sorpresi di sentirsi dire in faccia la verità», concluse Manjeet.

«Posso capirlo», replicai alzando le spalle.

«Che vuoi dire?», domandò Saleem.

«Se dici una bugia per tanto tempo, questa diventa la realtà. Allora la bugia non esiste più, diventa la tua versione della verità».

«Che sorpresa sentirsi dire certe cose ad alta voce», ribadì Manjeet.

«Sì, deve essere stato come un calcio sui denti», concordai.

«Credi che un giorno ti sentirai così?», mi chiese Saleem.

«No. Mai», risposi.

«A ogni modo, siamo riusciti a stampare il giornale. Lo ha già letto?», cambiò argomento Saleem.

Il signor Singh ci aveva fatto una copia esatta di un giornale, scegliendo perfino la stessa carta. Anche se era rimasto soddisfatto del risultato finale, aveva voluto portarlo a casa lui stesso, orgoglioso di avere dato il proprio contributo.

«Aspetterò fino a stasera e poi glielo darò, così potrà leggerlo alla luce delle candele prima di addormentarsi», dissi.

«Pensi che se ne accorgerà?», domandò Manjeet.

«Non credo. Ultimamente dorme tanto e quando è sveglio non è molto lucido. A volte sembra credere che io sia Ma».

«Vuoi che resti con te?», si offrì Saleem.

«No, no, va' pure a casa. Ci vediamo sul tetto domani, come sempre», gli risposi.

Mentre Manjeet e Saleem si allontanavano, notai che si stava facendo sera. Entrai in casa, chiusi la porta e misi insieme i fogli di giornale. Bapuji era disteso sul letto con gli occhi aperti che fissava il soffitto.

«Bapuji, sei sveglio! Come ti senti?».

Bapuji mi guardò sorpreso. *Non sa più dov'è.*

«Guarda, Bapuji, ti ho portato un giornale», gli dissi.

Bapuji tornò in sé, ritrovò le forze e fece un sorriso riconoscente. Mi prese il giornale dalle mani e se lo avvicinò agli occhi, socchiudendo le palpebre alla luce della candela. Mi sedetti sul letto, tentando di non tradire il mio nervosismo mentre leggeva. Quando, alla fine, abbassò il giornale, mi fissò raggiante.

«Te l'avevo detto che sarebbe andato tutto bene, Bilal», esclamò felice.

«Avevi ragione, Bapuji. Tutto andrà bene ora», risposi. Gli tolsi il giornale dalle mani, preparai la medicina e lo sistemai per dormire.

Trentaquattro

Una settimana dopo eravamo seduti sul tetto, mentre il mercato si svegliava pigramente, come da un sonno profondo. In quei giorni, sempre meno venditori avevano il coraggio di aprire le proprie bancarelle. Chi lo faceva era determinato a continuare a vivere a tutti i costi nella normalità.

Normalità, pensai. *Ma cos'è normale? Sono quasi sicuro che non sia normale odiare la gente al punto di volerla uccidere o mutilare. Questo non è normale.*

Mi guardai intorno e notai una certa tensione anche tra di noi. Saleem, il cui ottimismo era di solito contagioso, era seduto imbronciato sul bordo del tetto e fissava l'orizzonte con le gambe penzoloni, invece di agitarle allegramente come sempre. Sapevo che c'era qualcosa che non mi aveva detto. Anche lui serbava un segreto che gli toglieva il buonumore. Manjeet, seduto un po' più in là, tagliuzzava un pezzo di legno. Ne aveva tagliato i trucioli fino a ridurlo a un moncherino minuscolo, ma continuava a tormentarlo distrattamente. Anche lui aveva la testa da qualche altra parte. Nel corso dell'ultima settimana, Manjeet si era chiuso in se stesso sempre di più. Sentivo il suo sguardo su di me e quando lo guardavo col sorriso, si voltava dall'altra parte. Quando il sole si levò, fummo tutti inondati dalla sua luce, e ciò che ciascuno di noi vide negli altri lo obbligò a distogliere lo sguardo.

Chota, salendo di corsa le scale, ci distrasse dai nostri

pensieri. Ci osservò in viso, uno dopo l'altro, e notò il malessere generale, ma ciò non aveva mai fermato Chota in passato e non lo avrebbe fatto neanche ora.

«Oggi pomeriggio c'è l'incontro dei galletti! Combatteranno due tra i più grossi e cattivi che abbia mai visto. Ci sarà un sacco di gente. Dobbiamo andarci!».

Manjeet smise di intagliare il suo legnetto e, dopo avere guardato il bastoncino come se lo vedesse per la prima volta, lo gettò via.

«Quella è roba per adulti. Se ci beccano ci cacciano via», obiettò Manjeet.

«No, non ci sono problemi. Mio zio baderà a noi. A ogni modo ci sarà tanta di quella gente che nessuno si accorgerà della nostra presenza», rispose Chota emozionato, saltellando da un piede all'altro.

«Qual è lo scopo di questo evento? E perché ci sono così tante persone?», domandò Saleem.

«Non lo so, ma sono passato vicino al vecchio Pondicherry e ho origliato mentre ne parlava con Anand. Però non ho capito cos'ha detto», disse Chota alzando le spalle.

Mi spostai verso il lato destro dell'edificio e guardai verso il punto dove normalmente sedeva il vecchio Pondicherry; sebbene non riuscissi a individuarlo, notai il suo bastone appoggiato a un barile.

Chota era fuori di sé dall'emozione e cercava di contagiarci con il suo entusiasmo.

«Allora? Andiamo o no?», domandò.

Saleem mi guardò e poi scosse la testa. «Ci saranno problemi», predisse.

«Che novità!», replicò Manjeet mentre si alzava per stirare le lunghe gambe.

Manjeet e Saleem sembravano aver ripreso un po' di vitalità da quando era arrivato Chota. Io feci di sì con la testa.

Il volto di Chota s'illuminò. «Spero che sarà un combattimento all'ultimo sangue», esclamò.

Gridai loro che andavo dal vecchio Pondicherry e che li avrei raggiunti di lì a poco, prima del combattimento.

Trovai l'anziano seduto con lo sguardo perso nel vuoto nel *maidan*. Non volevo disturbarlo.

«Ah, Bilal! Smettila di cincischiare e avvicinati», esordì facendomi un cenno con la mano raggrinzita.

Andai a sedermi sul barile accanto a lui e seguii il suo sguardo per vedere – si fa per dire – cosa stesse osservando. Non ero ancora riuscito a capire se il signor Pondicherry ci vedesse o no.

«Avete sentito del combattimento di galletti di questo pomeriggio?»

«Difficile non sentirne parlare, Bilal. È sulla bocca di tutti», rispose.

«Ma perché? È un incontro come tanti altri, no?»

«In realtà, siamo anche noi come animali», spiegò il signor Pondicherry scuotendo la testa. «Non appena sentiamo l'odore del sangue mostriamo la parte peggiore di noi. Il lato oscuro. Ci induce a fare cose che normalmente ci limitiamo a immaginare».

«Ma che c'entra con il combattimento dei galletti?»

«La turba, ragazzino. Ci sarà una folla di gente in attesa di un segnale», sospirò chinando il mento sul petto.

«E voi andrete?», gli chiesi.

«Anche se non posso vedere, ci sarò», mi rispose.

«Ma perché?», domandai incredulo.

«Perché anch'io sono un animale. E se ci stiamo avvicinando alla fine, anch'io ho bisogno di un segnale», sussurrò. «Ora vattene, su». Fece cenno di andarmene.

«Io non ho bisogno di un segnale. So che la fine è vicina», gli risposi, e lasciai il vecchio a fissare il *maidan* deserto.

Trentacinque

Di ritorno sul tetto, fui accolto da Saleem che mi mise un braccio sulla spalla. Gli cinsi anch'io la spalla con il mio e non potei trattenermi dal ridacchiare.

«Perché ridi, piccoletto?», mi domandò.

«Rido di te, scemo! Sei stato così lunatico ultimamente...».

«Io? Senti chi parla!», esclamò Saleem. «Sei tu che te ne stai con lo sguardo perso nel vuoto con un'aria così strana. Siamo tutti in attesa che da un momento all'altro cominci a recitare qualche verso di Tagore o Kabir».

Nel dargli uno spintone, gli mollai un piccolo scappellotto sulla testa.

«Oh, guarda!». Indicai il flusso di persone che andava in un'unica direzione. «Ci sarà un sacco di gente a questo combattimento, Sal».

«Ma noi siamo piccoli e arriveremo facilmente davanti», rispose con un sorrisetto complice.

«No, non era questo che volevo dire», precisai, e guardai verso il cimitero. «Il signor Pondicherry ha detto qualcosa, a proposito della folla».

«Be', non lo scopriremo mai se restiamo qui seduti sul tetto. E poi c'è il signor Mukherjee che resterà con tuo padre tutto il giorno, perciò non abbiamo nulla di cui preoccuparci. Dài, andiamo!». Saleem balzò in piedi con un salto e corse giù per la scala.

Osservammo la gente che, a ondate, si dirigeva verso il

cimitero, accanto alla piazza principale. I combattimenti di galletti si svolgevano sempre al cimitero. Era sempre stato così. Una volta ne avevo chiesto a Bapuji il motivo e lui mi aveva spiegato che erano stati gli anziani a decidere che non era opportuno organizzare i combattimenti nella piazza principale, mentre il cimitero era un luogo più adatto. Poi, fissandomi sorridente, aveva aggiunto: «Ma vuol dire anche che in questo modo i membri del consiglio possono andare a scommettere come tutti gli altri, senza che le mogli se ne accorgano».

Ci accodammo alla folla che spingeva per raggiungere il cimitero e fummo subito trascinati dalla corrente. Come sempre, Manjeet era davanti a noi con il suo turbante arancione che ballonzolava. Saleem, alla mia destra, mi restava appiccicato e io tenevo stretto Chota a sinistra, cercando di evitare che si distraesse per poi sparire tra la moltitudine. Più il *maidan* si riempiva di gente e più il flusso rallentava. Infine restammo bloccati, e sentii la pressione della folla o – come l'aveva chiamata il signor Pondicherry? – la *turba*. In mezzo a quella marea umana, non riuscivamo a muoverci. Ondeggiavamo tutti in quella massa di persone che si muoveva all'unisono. Chiusi gli occhi. Da un lato premevano la rabbia, la violenza e la sete di sangue. Dall'altra parte sentivo tranquillità, pace e bisogno di meditazione. Davanti avvertivo impazienza, ansia e il bisogno di scoprire a tutti i costi cosa sarebbe successo.

Quando riaprii gli occhi, dovetti sforzarmi per riabituarmi alla luce e ai suoni. Il turbante arancione di Manjeet si confondeva tra la folla ed era sempre meno riconoscibile. Sbattei le palpebre e cercai di dissipare quella strana visione, ma fu peggio. Dappertutto intorno a me i colori si mischiavano tra loro. Sciarpe rosse che sfumavano sui bianchi *dhoti*, bracciali d'argento che si fondevano sulla pelle scura, il cielo azzurro che si scioglieva nelle nuvole bianche e si riversava, goccia a goccia, sulla gente. Facevamo parte di un unico movimento oscillatorio che spingeva in avanti, senza inizio e senza fine. Come l'albero di banyan, la madre era stata inghiottita ed erano rimasti solo i suoi figli. Era quella la turba che aveva descritto il vecchio Pondicherry? L'avevo immaginata terribile e devastante, invece vedevo euforia negli occhi della gente.

Toccavo a malapena terra con i piedi quando riprendemmo a muoverci. Dopo avere varcato l'ingresso ci sparpagliammo in gruppi più piccoli per passare tra i mucchi disordinati di tombe. Avanzammo lentamente nel camposanto tondeggiante, dirigendoci verso lo spiazzo polveroso che era stato sgombrato ai piedi della collina. La massa di gente intorno al circolo stava aumentando a vista d'occhio.

Manjeet si voltò verso di me e scosse la testa. «Non c'è modo di andare oltre», affermò.

«Io so come fare», rispose Chota impaziente. Gli lasciai il braccio e lui si fece largo verso Manjeet. Fece una risata stridula mostrando i denti. «Seguitemi». Ciò detto cominciò a spingere in avanti.

Gli restammo appiccicati. Io ero dietro a Chota e mi sforzavo di non perderlo di vista. Trovava sempre dei passaggi anche quando sembrava che non vi fosse spazio libero. Quando ci imbattevamo in un muro umano escogitava sempre un modo di passare, infilandosi sotto o girandoci intorno e, in un caso, arrampicandosi addirittura sopra una persona. Facevamo tutti del nostro meglio per stargli dietro, ma a un certo punto non riuscii più a vedere da nessuna parte il turbante arancione di Manjeet. *Dov'è?* In preda al panico cercai di fermarmi, ma Chota mi aveva afferrato la mano e la stringeva forte avanzando lentamente. Chota non fu soddisfatto fino a quando non fu riuscito a trascinarci in prima fila.

Riuscii finalmente a mettere a fuoco le immagini. C'era un gruppo di persone in mezzo al cerchio che riconobbi. Uno era lo zio di Chota, che aveva chiaramente un ruolo importante nell'organizzazione giacché indossava una fascia nera sul braccio e parlava con due uomini che lo ascoltavano con attenzione. *Dove sono i galletti?* Non vedevo gabbie. Quello spazio circolare nel mezzo si stava via via riducendo sotto la pressione della moltitudine, e lo zio di Chota ordinò ad alcuni omoni di arginare l'ondata di gente. Ovunque guardassi, c'erano persone in punta di piedi che cercavano di vedere cosa accadeva. Altri si erano portati delle cassette di legno e ci erano montati sopra, barcollando, per vedere meglio. Altri ancora, ingegnosi, avevano fatto una montagnola di terra su cui salire. Ricordai di aver visto una scena simile in un libro che avevo letto una volta sull'antica Roma al tempo dei Cesari. Un'epoca in cui la gente accorreva nelle arene per vedere due gladiatori lottare all'ultimo sangue. Ecco, quella era la nostra arena, e non a caso si trovava in mezzo ai morti. Per un attimo, mi chiesi se avrebbero assistito allo spettacolo anche tutti gli spiriti dei defunti. Mi guardai attorno, poi in alto: sentivo qualcosa nell'aria. Lo zio di Chota smise di parlare con i due proprietari dei galletti, che si voltarono e scomparvero tra la folla brulicante, inghiottiti in un secondo. La pressione del pubblico era tale che era perfino difficile stare in piedi. Presi a braccetto Saleem e Chota per resistere meglio ai movimenti della folla che diventavano sempre più violenti. A volte, le ondate che ci investivano erano così forti da sollevarmi. La gente stava diventando impaziente.

I proprietari dei due uccelli tornarono con le gabbie coperte da un tessuto scuro. Un vecchio, che era seduto su una cassetta capovolta ai bordi del cerchio, si alzò lentamente, si piazzò al centro e levò una mano. Quel gesto si propagò tra tutti i presenti, giungendo fino ai margini del cimitero: era una richiesta di silenzio. L'anziano indicò ai due uomini di farsi avanti con i loro uccelli. Il silenzio si protrasse mentre i proprietari prendevano i galletti e si avvicinavano al vecchio. Gli uccelli non sapevano ancora dov'erano, perché avevano le teste coperte da un cappuccio scuro. I due uomini si misero uno di fronte all'altro, in attesa di un cenno del vecchio. Con un movimento brusco, questi ordinò di togliere i cappucci e i galletti vennero sollevati in aria. La folla esplose in un urlo, e la furia della calca fu tale da sollevarci ancora. Tenevano i galli a qualche centimetro di distanza, becco contro becco, per provocarne l'aggressività. Infine, a un cenno del vecchio, furono liberati.

Gli animali si scagliarono l'uno contro l'altro, lacerandosi e beccandosi. Dopo un primo attacco furibondo, assunsero un atteggiamento più prudente e cominciarono a saltellare in cerchio. La polvere che si era sollevata al principio del combattimento cominciava a depositarsi. *Sono così diversi uno dall'altro*, pensai. Il gallo più grosso, il *Ghan*, era color ruggine con il becco dorato. Camminava impettito con gli speroni gialli opachi alla luce accecante del sole, ma non per questo meno affilati e letali. L'*Aseel* più piccolo era un *Rampur* nero, con il becco rosso cremisi che oscillava da destra a sinistra come un pendolo. Aveva gli speroni piccoli ma seghettati e appuntiti. Gli uccelli smisero di girare in circolo e si avventarono di nuovo l'uno contro l'altro. Il *Ghan* puntò dritto al collo del *Rampur*, ma l'animale più piccolo era agile e riuscì a schivare il colpo. Le strategie dei due combattenti erano ormai chiare. Il galletto più grande inseguiva il più piccolo intorno all'anello polveroso con il grosso collo ricurvo e il becco corto tesi e pronti a colpire. Il *Rampur*, rendendosi conto di essere più debole, utilizzava una strategia difensiva, punzecchiando il suo avversario per poi ritirarsi rapidamente, cercando di fargli perdere energie battendo in ritirata. Era una tattica pericolosa, perché al primo colpo ben assestato da parte del nemico, il galletto più piccolo si sarebbe trovato nei guai. Per la folla fu facile immedesimarsi nel combattimento.

Il clamore della turba rimbombava in quel macabro anfiteatro e mi trasmetteva vibrazioni lungo tutta la spina dorsale. Quel boato era lo sfogo tanto atteso: la città aveva trattenuto il respiro per settimane e ora, da ogni parte, prorompeva in urla di rabbia che davano un sollievo immediato. Una cosa era certa: quella calca era assetata di sangue. Il tempo rallentò fino a fermarsi. Ovunque guardassi vedevo visi e corpi che si contorcevano fino al parossismo, esprimendo emozioni allo stato puro. Le bocche spalancate erano voragini oscure che emettevano suoni violenti. Erano persone che conoscevo da sempre, ma in quell'arena eravamo tutti estranei, come se ci fosse stato ordinato di lasciare ogni segno di umanità alle porte del cimitero.

Distolsi lo sguardo dal combattimento e vidi il vecchio Pondicherry appoggiato al bastone, proprio al lato opposto dell'arena, con gli occhi fissi sul cerchio di polvere. Non c'era niente di peggio di quel luogo e di quel momento per essere ciechi. L'anziano aveva una grande immaginazione e quella scena, nella sua mente, sarebbe stata di gran lunga più spaventosa di quanto non apparisse a noi.

Saleem mi afferrò con forza e mi attirò a sé.

«Non si fermeranno, non oseranno, non con questa folla inferocita», urlò per sovrastare il frastuono.

«Cosa vuoi dire?», gli chiesi.

«Di solito interrompono i combattimenti per salvare gli uccelli, ma oggi è una lotta all'ultimo sangue. Fino alla morte, Bilal», gridò Saleem con gli occhi che riflettevano la sete di sangue della gente.

Certo, fino alla fine. Oggi non potrà finire diversamente.

Era passato solo un minuto ma sembrava un'eternità. Il *Rampur* continuava a mettere in pratica la tattica diversiva per schivare i colpi del *Ghan*, che cominciava a stancarsi un po'. Gli attacchi erano ancora pericolosi, ma meno frequenti. Il *Ghan*, frustrato, si lanciò sul *Rampur* ma finì a terra goffamente. Alla fine, il gallo più piccolo colse l'occasione e si gettò sulla schiena indifesa del suo avversario procurandogli un taglio profondo. Il grido acuto che uscì dal becco del *Ghan* squarciò le urla della folla e, per un minuto, cadde il silenzio mentre l'animale più grande si voltò e, per la prima volta dall'inizio del combattimento, retrocedette di qualche passo. Stanco e ferito, il *Ghan* cominciò a barcollare, mentre osservava il *Rampur* diffidente. Sentivo il cuore che mi scoppiava in petto. All'improvviso, la folla tumultuosa esplose di nuovo, come un fuoco d'artificio. Il combattimento dei galli assomigliava a tutte le battaglie che quella gente aveva combattuto. Contro la povertà, le avversità e il fato. Una lotta contro la frase che si erano sentiti ripetere tanto spesso: «È così che funziona, dovete accettarlo e accontentarvi».

Impettito e sicuro di sé, il *Rampur* era ora l'inseguitore e braccava il *Ghan* intorno all'arena. Con passo incerto e sofferente, il *Ghan* cercò di mettersi goffamente al riparo dagli attacchi del gallo più piccolo, ma il *Rampur* non si dava per vinto e continuava a sferrare un colpo dietro l'altro sul collo e la schiena del *Ghan*, incapace di difendersi. Fummo di nuovo sollevati da terra dalla folla che sentiva la fine avvicinarsi e premeva in avanti, una marea umana di rabbia e angoscia. Il *Rampur* mosse il capo su e giù, preparandosi al colpo di grazia. Gli uccelli balzarono l'uno contro l'altro, nel tentativo di sferrare il colpo decisivo. Il *Ghan* si affrettò a lanciare un ultimo attacco disperato, colpendo l'altro con violenza. Il *Rampur* dovette retrocedere, ma girandosi di scatto vide il collo indifeso del *Ghan*, e gli si scagliò contro affondando il becco. I due uccelli si separarono. Il manto nero del *Ghan* era chiazzato di rosso. Il *Rampur* rimase dritto osservando il rivale che, dopo avere barcollato, crollò a terra. Ci fu un'esplosione di entusiasmo mentre la notizia si diffondeva come un incendio tra la folla. Il *Rampur* oscillò sulle zampe sottili e, dopo aver alzato la testa lentamente, si guardò intorno. Fece un passo indietro e cadde di lato. Lasciai andare Saleem e Chota, mi feci avanti e mi lasciai cadere in ginocchio. *No!* Il *Rampur* aveva gli occhi sbarrati, puntati verso il cielo. Luccicavano come due perle.

Trentasei

Non appena si sparse tra la folla la notizia della morte del *Rampur*, mi voltai e vidi un'onda umana dietro di noi che si schiantava e si frantumava in mille pezzi. Chota mi finì addosso, subito seguito da Saleem, mentre l'assembramento si rompeva. Li afferrai tutti e due per evitare quell'assalto furioso. Vidi il proprietario del *Rampur* che cullava l'*Aseel* tra le mani. Stavano scoppiando dappertutto liti e risse. Il vecchio Pondicherry era sempre in piedi nello stesso punto. Trascinandomi dietro Chota e Saleem, corsi verso di lui.

«Pondicherry-ji, dobbiamo scappare! Ora!», esclamai.

Lui si voltò verso di me, sorrise e mi disse: «No. Devo assistere a tutto ciò, Bilal. Devo restare per espiare i miei peccati. Ora andate e non guardatevi indietro. Non voltatevi mai».

Salutò con un cenno della mano e si allontanò.

Gli gridai, gli urlai di fermarsi, ma non mi diede retta.

Saleem mi afferrò per un braccio e mi strattonò via, su per la collina che conduceva all'entrata del cimitero.

Ricominciai a vedere tutto confuso, i colori che si fondevano l'uno con l'altro, ma non era più così bello. Era uno spettacolo orribile: uomini che si prendevano a sassate, altri che strappavano rami dagli alberi e li usavano per picchiare persone rannicchiate per terra. Mentre ci arrampicavamo tra le tombe, vedemmo altri con coltelli e machete che infierivano su gente che fuggiva. Il sangue rigò di rosso il cotone bianco e per un attimo quella combinazione di colori mi parve di nuovo bellissima.

La collina si fece ripida e dovemmo usare le braccia per arrampicarci. Sentimmo odore di fumo. Mentre salivamo, una mano mi afferrò la gamba.

«Aiutami, aiutami! Non voglio morire», urlò qualcuno. Non riuscivo a vederlo in volto, era solo una mano che brancolava per terra e non mi mollava.

Chota la prese a calci gridando. Anch'io mi misi a scalciare, mi liberai della mano e la vidi scomparire. Chota mi diede un colpetto d'incoraggiamento e continuammo ad arrampicarci finché non ci trovammo davanti a un muro di fuoco. Mentre eravamo abbarbicati al pendio fangoso, ci voltammo per assistere a una visione infernale. C'erano fuoco e nubi di fumo nero dappertutto. Gente che strisciava carponi verso i propri cari, immobili tra le tombe. Altri che inseguivano le loro vittime in mezzo al fumo e, dopo averle raggiunte, le pestavano fino a farle smettere di gridare. Tra sangue e fumo la mia visione era ancora confusa, e distinguevo solo un'emorragia di colori. Era tutto coperto di fiori. Rose che avevano tinto di rosso dei fiori gialli. Petali bianchi inghiottiti dalla fanghiglia marrone. Petali rosa sollevati per aria dai calci che atterravano su corpi inanimati. Alzai lo sguardo verso Chota e Saleem, in piedi accanto a me.

«Non è un sogno, vero?», sussurrai. «Sono svenuto?».

Saleem mi aiutò a rimettermi in piedi e annuì. «Credo di sì. Ci siamo girati e abbiamo visto che eri steso per terra».

Chota si arrampicò fino alla sommità della collina e ci fece un fischio. «Andiamo, siamo ormai in cima. Sembra tutto tranquillo», disse mentre ci faceva cenno di salire.

Saleem mi spinse in avanti, e ci arrampicammo fino al

punto dove Chota sbirciava oltre il bordo del pendio. Spingemmo lo sguardo nella nebbia impenetrabile, ma sembrava che non ci fosse più anima viva.

«Che ne pensi…», esordì Chota, ma fu subito fermato da Saleem.

«*Stt*, cos'è stato?».

Tacemmo tutti e udimmo il rumore di qualcosa che strisciava e raschiava, proprio davanti a noi. All'improvviso emerse una figura che, però, sparì altrettanto velocemente. *Laggiù!*

Alla nostra destra udimmo un altro rumore e apparve qualcuno con la mano sulla testa, poi scomparve in una nuvola di fumo. Ora sentivamo da ogni parte gente che si muoveva e si lamentava: pianti, dolore e gemiti sommessi che fendevano il fumo.

Chota fece una smorfia e si coprì le orecchie. «È un gatto che sta morendo o cosa?», esclamò.

Saleem lo cinse con un braccio e mi guardò senza parlare.

E ora?

Non avevamo altra scelta, dovevamo attraversare quella landa buia. Sempre con lo sguardo su di me, Saleem strinse i denti con determinazione e sbuffò. Si tolse la sciarpa, ne strappò una lunga striscia e ci fece avvicinare.

«Legatevela in cintura, è l'unico modo per non perderci. Non manca molto. Non fermatevi: qualsiasi cosa accada, continuate a camminare». Saleem si avviò deciso e ci spinse in avanti verso la nebbia oscura.

D'un tratto non vedemmo più niente. Avanzammo con cautela tra le tombe, mentre delle sagome apparivano e scomparivano nelle tenebre intorno a noi. Camminammo per molto tempo, o almeno così ci parve, giacché è difficile valutare il passare del tempo quando si sta con il fiato sospeso.

Saleem si fermò di colpo. Ci fece cenno di imitarlo e posò a terra un ginocchio.

«Credo che ci siamo persi», annunciò a capo chino. «Dovremmo essere vicini al sentiero che conduce alla zona principale del cimitero, ma non ho idea di dove ci troviamo».

«Non è colpa tua. Guarda, il fumo sta per diradarsi e presto riusciremo a capire in che direzione andare. Forse se ci fermiamo qui un minuto...».

Subito dopo avere pronunciato quelle parole, capii che non era una buona idea. Prima o poi ci saremmo ritrovati addosso quelle apparizioni, e allora chissà cosa sarebbe successo. Saleem lo comprese e si rialzò.

«Credo sia meglio andare», ci esortò.

Ci rimettemmo in marcia a tentoni. I lamenti ora erano più vicini e continuavano a risuonarci nelle orecchie. Chota camminava curvo, con gli occhi che si muovevano a scatti a destra e a sinistra, cercando di identificare ogni rumore. Non l'avevo mai visto così terrorizzato. Saleem aveva rallentato il passo. D'un tratto, dalla cappa soffocante di fumo emerse un uomo che si precipitò urlando verso di noi. Lo guardammo inorriditi: si teneva tra le mani il volto, o ciò che ne restava, e aveva la pelle ustionata e coperta di vesciche. Saleem ci spinse subito di lato. Lo seguimmo con lo sguardo, aveva i vestiti che fumavano ancora. Quando scomparve, le sue urla si fusero con gli altri lamenti, creando una straziante cacofonia che ci costrinse a inginocchiarci e coprirci le orecchie. Poi le sue grida svanirono, e Saleem e io ci alzammo ma non potevamo muoverci per via del pezzo di stoffa con cui ci eravamo legati: Chota era ancora accovacciato a terra, con uno sguardo spiritato.

«Chota? Chota? Va tutto bene, se n'è andato. Possiamo proseguire», lo confortai, tornando a inginocchiarmi accanto a lui.

«Andare dove? Questo non è il nostro mondo. Dove andremo?», domandò.

«Ok, ok, aspetteremo qui per un po', Chota, va bene», cercai di rassicurarlo.

Chota strinse le ginocchia al petto e cominciò a dondolarsi avanti e indietro mentre fissava con aria sconvolta l'oscurità che ci circondava. Saleem era ancora in piedi che scrutava tra le tenebre per trovare l'ingresso del cimitero. Strattonò la sciarpa che ci legava i fianchi e di rimando diedi uno strattone anch'io.

«Che c'è, Saleem? Cos'hai visto?»

«Io... io credevo di aver visto qualcuno, ma è già andato via», mi rispose. «Eccolo di nuovo. Ma è il signor Pondicherry! Signor Pondicherry! Qui! Siamo qui! *Signor Pondicherry*?».

Tra le ondate di fumo nero, apparve il signor Pondicherry che muoveva il bastone passandolo sul terreno davanti a lui.

«Saleem, ragazzo, sei tu?», domandò fermandosi davanti a noi.

«Signor Pondicherry-ji, ci siamo persi e non riusciamo a uscire di qui», dissi io subito.

«Anche tu, Bilal, e chi altro c'è con voi?», chiese mentre il suo sguardo senza luce si posava su Chota.

«C'è anche Chota», rispose Saleem.

«Non c'è tempo da perdere. Non sappiamo quali insidie si nascondono nell'oscurità. Seguitemi».

Balzammo in piedi e ci incamminammo dietro di lui che ci faceva strada picchiando con il bastone sui rami spezzati, le grosse pietre e le lapidi spaccate. Le apparizioni continuavano a muoversi intorno a noi, ma i lamenti cominciarono a diminuire a mano a mano che avanzavamo. All'improvviso, ci trovammo davanti il cancello del cimitero e lo varcammo, risollevati e distrutti dalla stanchezza.

«Qualcuno ha rovesciato un grosso bidone di benzina e gli ha dato fuoco», mormorò tra sé e sé l'anziano. «Con tutta quella sterpaglia secca per terra...».

«Come avete fatto a trovare l'uscita?», gli domandai.

Il cieco fece un sospiro. «Sono vecchio, Bilal. Tutti gli amici che avevo sono stati sepolti o sparsi ai quattro venti».

«Non capisco», insistei.

«Quando diventi vecchio, caro ragazzo, l'unico luogo dove puoi stare con i tuoi amici è il cimitero. Sono venuto qui così tante volte che potrei trovare l'uscita anche camminando all'indietro, imbavagliato e bendato».

Una volta arrivati alla piazza del mercato, il signor Pondicherry localizzò il suo solito barile all'ombra e si sedette. Volse lo sguardo verso l'orizzonte e scosse la testa.

«Riesco ancora a sentire la puzza del fumo», sussurrò. «Ora andate. Fra poco questa piazza si popolerà di fantasmi morti e viventi», affermò agitando il bastone. «Andate a casa!».

Trentasette

Ignorando il consiglio del vecchio corremmo sul nostro tetto, ci precipitammo su per la scala e ci buttammo sui sacchi logori di riso. Sapevamo che era il primo posto dove sarebbe corso Manjeet. Restammo in silenzio, meditando su ciò che avevamo visto e sentito. Qualche minuto dopo, proprio mentre ci chiedevamo se Manjeet si sarebbe fatto vivo, sbucò il suo turbante arancione. Tutti saltammo in piedi quando vedemmo che aveva la tunica bianca sporca di sangue. Saleem lo raggiunse per primo e lo prese per un braccio.

«Manjeet, ma questo è sangue?»

«Sì, ma non è mio», replicò lasciandosi andare su un sacco di riso.

«Ma che è successo?», gli chiesi.

«Dopo aver perso le vostre tracce, ho cercato di avvicinarmi il più possibile all'arena. Ero quasi di fronte a voi e ho cercato di chiamarvi, ma c'era troppo chiasso. Quando c'è stato il movimento di folla siamo stati spinti dall'altra parte e ho tentato di scappare. C'era tanta gente che cadeva e veniva calpestata. Vi ho cercato, ma in quel marasma era impossibile sapere se eravate sempre lì. Ho visto che sulla collina versavano bidoni di benzina e appiccavano fuoco. Mi sono trovato davanti a un muro di fiamme e mi sono detto che, se avessi provato ad aggirarlo, avrei trovato l'uscita del cimitero. Sapevo che dovevo salire sulla collina, ma ciò significava attraversare il fuoco. Con tutto quel fumo non riuscivo a vedere neanche a cinque metri di distanza. La gente si precipitava verso l'incendio e saltava tra le fiamme, così ho preso la rincorsa e sono corso anch'io verso il fuoco. Sono riuscito a passare dall'altra parte senza farmi molto male, ma mi sono ritrovato davanti una visione è stato terribile». Manjeet fece una pausa, chiuse gli occhi e si premette i pugni sulle tempie. «Uomini armati di bastoni e coltelli che cercavano di ammazzarsi, di bruciarsi... Ho cercato di scappare, ma alcuni uomini mi sono venuti incontro con bastoni e coltelli... *Dovevo* difendermi! Che altro potevo fare?», si giustificò Manjeet mentre mi fissava con gli occhi iniettati di sangue, rivivendo l'incubo.

Mi sedetti accanto a lui e lo abbracciai.

«Niente. Non è stata colpa tua, Manjeet. Non hai fatto niente di male».

«Bilal ha ragione. Sei riuscito a fuggire, e questa è la cosa più importante», aggiunse Saleem.

«Ma mi avrebbero ucciso se non avessi... Quando mi hanno visto il turbante, hanno cominciato a dirmi delle cose terribili. Ho perfino riconosciuto qualcuno di loro! Che altro potevo fare?», mi chiese di nuovo Manjeet, sperando di sentire da me una risposta che gli risultasse tollerabile.

Non mi veniva in mente niente da dirgli. Manjeet aveva ucciso un uomo, ma era sempre mio amico. Volevo aiutarlo, dirgli le parole giuste che l'avrebbero fatto sentire meglio. Invece, riuscivo solo a starmene seduto con il braccio sulla sua spalla mentre piangeva in silenzio.

Il fumo nell'aria era ancora denso, e noi restavamo seduti sul tetto senza parlare, ognuno assorto nei propri orribili pensieri. Ma poco dopo udimmo i pianti che cominciavano a levarsi in diversi punti della città.

Ci alzammo e Manjeet ci fissò con gli occhi lucidi. Borbottando, scese le scale. Senza guardarsi indietro, scomparve prima che potessimo fermarlo.

Saleem diede un'occhiata giù.

«Sembra che se ne stia andando a casa», disse senza rivolgersi a nessuno in particolare. Poi si voltò verso di me e fece un respiro profondo. «Anche io farei meglio a tornare a casa. Mia madre sarà preoccupata».

«Sì, dovremmo andare tutti a casa, suppongo», replicai con aria assente.

Saleem andò da Chota per aiutarlo a mettersi in piedi e ad andarsene.

«Ci vediamo più tardi», dissi loro.

«Cerco di uscire stasera, se posso», rispose Saleem, mentre sorreggeva Chota che sembrava stordito.

«Saleem», riattaccai.

«Sì, lo so, ne parleremo dopo. Ora vai a casa. Se il tuo bapuji si è svegliato si starà domandando dove sei».

«Forse hai ragione».

«Ci vediamo dopo», concluse Saleem andandosene e trascinandosi dietro Chota.

Li vidi scendere le scale con passo incerto.

Trentotto

Il giorno seguente, restammo tutti sul tetto a fissare il mercato avvolto da un silenzio sepolcrale. Mi tornò in mente un vago ricordo di alcune foto che avevo visto nell'enciclopedia: raffiguravano carcasse di animali, brandelli di carne ancora attaccati alle ossa. Chiusi gli occhi e cercai di rammentare cosa diceva il libro. Dopo che i predatori si erano saziati, arrivava il turno degli animali che si nutrono di carogne, come la *iena ridens*. I predatori erano già passati e ora avevamo davanti agli occhi la carcassa della nostra città. Guardai in cielo e vidi le nuvole addensarsi. *E ora? Le iene.* Non avevo mai sentito ridere una iena, ma avevo visto le foto di un branco e sapevo che non sarebbe stato un bello spettacolo.

Mi guardai intorno sul tetto. Sentivo che non eravamo più lo stesso gruppo di prima. Manjeet era seduto dando le spalle al mercato e cercava di non guardare verso il cimitero, forse nella speranza di dimenticare il combattimento dei galli e l'incendio. Aveva la testa china e notai che il turbante arancione aveva perso la consueta vivacità. Chota sedeva al suo solito posto, con le gambe penzolanti oltre il bordo. Anche se era cambiato tutto, Chota si rifiutava di accettarlo. Saleem si sedette il più lontano possibile da me. Avrei voluto andare a sedermi vicino a lui, chiedergli se c'era qualcosa che non andava, cosa gli frullava per la testa. Ma ero stanco, stanco di portarmi dentro il mio segreto e restio all'idea di accollarmi anche il suo. Se avessi saputo ciò che so adesso, sarei andato da lui, mi sarei seduto lì accanto e, dopo avergli messo un braccio sulla spalla, gli avrei parlato. Forse avremmo riso insieme un'ultima volta. Ma quel momento fuggì. Non immaginavo certo che non avrei mai più rivisto Saleem.

Trentanove

Ci sono un paio di cose di me che avevo cominciato a detestare. Non le cose di sempre. Non volevo essere più alto o più bello o più bravo a giocare a cricket. C'erano due cose di cui avrei fatto volentieri a meno.

Innanzitutto, la sensibilità nei confronti degli altri. Quante volte mi stavo divertendo e all'improvviso cambiavo umore perché mi lasciavo influenzare da chi mi circondava? Spesso mi mettevo a osservare le smorfie, i movimenti delle mani, la piega di occhi e bocche. A volte, quando mi trovavo con amici o familiari, mi pareva di non essere davvero lì in carne e ossa ma solo di fare da tramite per comunicare i sentimenti altrui. La seconda cosa che odiavo era la capacità di intuire le cose non dette: leggere tra le righe era la mia specialità. Fu allora che cominciai ad avere dei presentimenti. *Presentimenti.* È una parola che ho imparato da poco. Si manifestavano con un leggero male allo stomaco, un dolore dietro agli occhi, l'insostenibile sensazione che stesse per accadere qualcosa di brutto e che solo io ne ero al corrente. E quel giorno mi resi conto di una cosa. Che le due cose erano collegate.

Camminavo verso casa di Saleem e immaginavo di chiedere a Doctorji di usare il bisturi per rimuovere quei due tratti del mio carattere. Sentivo Doctorji che faceva il primo taglio e, dopo avermi aperto la calotta cranica, scopriva il cervello. La materia grigia si distingueva chiaramente, cosicché l'asportazione non comportava rischi. Proprio così, Doctorji poteva eliminare quei due cugini tanto odiati e ricucirmi lo scalpo. E sarei stato libero. Libero di aprirmi alle impressioni che l'ambiente suscitava in me, di vivere ogni giorno senza la paura che stesse per succedere qualcosa di brutto. Libero, semplicemente, di vivere.

Scossi la testa per scacciare quella visione, feci un respiro profondo e continuai verso casa di Saleem. In quella zona, le case erano costruite fitte fitte, ma c'era una quiete innaturale. Una vecchia era accovacciata da sola, accanto a casa sua, a lavare degli indumenti. Mi fermai a osservarla mentre sbatteva la stoffa contro una pietra sollevata. La sfregava con accanimento. Poi accantonò il pezzo di stoffa e prese un altro vestito. Un sari bianco. Lo alzò sopra la testa per sbatterlo contro la pietra dura, ma si fermò e se lo strinse al petto. Vidi che quel sari era macchiato di rosso.

Mentre mi avvicinavo allo spiazzo dove si trovava la casa di Saleem, sentii il peso opprimente dei miei pensieri. *Perché sono venuto? Sapevo cosa avrei trovato, eppure sono venuto lo stesso. Perché? Perché devo sapere. Ho sempre bisogno di sapere. Per quanto sia orribile, devo sempre vederlo con i miei occhi.*

Varcai la soglia. Non c'era nessuno. Saleem e la sua famiglia se n'erano andati.

Avevano lasciato poche cose. Alcuni barattoli, un *charpoi* vecchio e sgangherato e qualche rotolo di stoffa impolverata appoggiato alla parete più lontana. Era quello il segreto di Saleem. Sapeva da settimane che la sua famiglia si preparava a lasciare la città ma me l'aveva tenuto nascosto. Ripensandoci, ricordavo tutte le volte che aveva cercato di dirmelo ma io non gli avevo dato retta.

Uscii nel cortile dirigendomi verso il pozzo, dove terminava il viottolo. Ci sedevamo lì d'estate, a distribuire con parsimonia l'acqua alle case circostanti e a inzupparci per non soffrire il caldo. Era lì che facevamo i compiti, poltrendo all'ombra del *peepul.* Alzai lo sguardo verso l'albero e aguzzai la vista per vedere se c'era ancora il nostro piccolo rifugio. Mi arrampicai tra i rami e ritrovai il bambù che avevamo legato con pezzi di corda e spago. Mi inginocchiai per entrare carponi nel minuscolo nascondiglio e sbirciai giù, nel cortiletto. Mi raggomitolai e premetti il viso sulla paglia ammuffita. Una parte di me si chiese se qualcuno sentisse il mio pianto, ma era una considerazione stupida. Sapevo che non era rimasto più nessuno.

Quaranta

In cielo apparve un piccione. *Sta arrivando qualcuno.* Salii sull'edificio a due piani di fronte a casa nostra, mi arrampicai in cima e osservai il dedalo di case. Vidi Chota di vedetta sul nostro solito tetto che mi faceva dei gesti con le braccia. Gli risposi con un cenno e cercai di individuare chi si stava avvicinando a casa nostra. Chiunque fosse, aveva scelto il momento migliore per venire a trovarci: era quasi notte e le strade erano poco illuminate. *Laggiù!* Un lampo bianco, una figura che si muoveva veloce e che appariva e scompariva tra le stradine. *Eccolo di nuovo!* Chiunque fosse, conosceva abbastanza bene quelle strade per muoversi con una certa celerità. Chota continuava ad agitare le braccia freneticamente, facendo gesti strani e puntando il dito su di me. *Che cosa sta facendo?*

Scesi veloce dall'edificio e mi misi ad aspettare fuori casa. Chiunque fosse, l'avrei affrontato. Guardai lungo la via buia e attesi, strabuzzando gli occhi. Una mano sulla spalla mi fece sobbalzare dallo spavento.

«Come va, fratellino?»

«Cosa...», cominciai a farfugliare.

«*Stt!* Prima che cominci a blaterare, entriamo. Ho fatto in modo che non mi seguisse nessuno e, anche se ci hanno provato, li ho seminati. Andiamo», disse Bhai entrando in casa prima che potessi fermarlo.

Lo seguii e lo afferrai per un braccio.

«Che cosa stai facendo qui? Credevo che fossimo d'accordo che non ti saresti fatto vedere e che non avresti portato guai», gli feci notare cercando di parlare sottovoce.

«No. *Tu* hai deciso che io non sarei più venuto, ma io non sono mai stato d'accordo. Ora, smettila di arrabbiarti e calmati. Voglio solo fare una chiacchierata veloce col vecchio», rispose Bhai e fece un passo avanti.

Gli sbarrai la strada con le mani protese.

«No. Bapuji sta dormendo e se gli vuoi dire di abbandonare la città è meglio che te ne vai. Non ha bisogno di ascoltarti, e nemmeno io».

Mio fratello fece un passo indietro e si accese una sigaretta.

«Qui le cose si stanno mettendo molto male, Bilal. Quanto tempo pensate di poter restare prima che una banda vi trovi e vi elimini? Quanto?», domandò agitando la sigaretta in aria.

«Non importa. Non ci muoveremo di qui. Questa è casa nostra, dove Bapuji...», balbettai.

«Dillo. Qui è dove morirà Bapuji», precisò Bhai. «E morirà senza sapere la verità», sussurrò puntandomi il dito macchiato dalla nicotina.

«E cosa credi di sapere sulla verità? Che verità rappresenti, eh, Bhai? Fracassare con un bastone la testa di qualcuno non è una verità che accetto. Questa è la verità che vuoi che io racconti a Bapuji? Ho visto cosa è successo con i miei occhi. Se questa è la verità, allora non la voglio», esclamai.

«Non rivolgerti a me con quell'aria da moralista, Bilal. Credi di essere l'angelo vendicatore? Ti credi superiore al sangue e alla terra in cui noialtri dobbiamo vivere? No, non lo sei. Hai solo trovato un altro modo di affron-

tare questo orrore. Tu sei come noi, come me. Questa bugia è il tuo inferno, proprio come lo è per me la realtà qua fuori».

Le parole di Bhai mi ferirono come lame sottili di rasoio. Mi pareva di vedermi, immobile, a bocca aperta, sbalordito dalle parole di mio fratello. Era lì, in piedi, con gli occhi scuri che brillavano come carboni ardenti e la bocca deformata da smorfie orribili. Si rese conto di ciò che aveva appena detto, alzò la mano ma non riuscì ad aggiungere nulla. Volevo andare da lui, andare dal mio bhai e dirgli che sarebbe andato tutto bene. Ma non potei. Sebbene ci separasse solo qualche metro, sembrava ci fosse un baratro tra noi. La spaccatura era troppo grande e profonda, e il ponte che ci univa era in fiamme.

Sentii le lacrime scendermi lungo le guance. Mi strofinai il viso per asciugarmi e feci dei respiri profondi.

«Hai ragione. Tutto ciò che hai detto è vero». La mia voce era ridotta a un bisbiglio. Poi, indicai l'altra estremità della stanza. «Va' avanti tu. Bapuji merita di sapere, ma io non ce la faccio. Ho portato avanti questa bugia da tanto di quel tempo che mi pare un'eternità. Fammi il favore di mettere fine alle nostre sofferenze». Chinai il capo e mi allontanai dalla soglia.

Mio fratello fece un passo avanti e poi si fermò. *Fallo, ti prego, Bhai. Fallo.* Mille pensieri gli attraversavano la mente, lo sapevo bene. Fece un altro passo ed entrò nella stanza.

* * *

Bhai riemerse con il volto cinereo e gli occhi che non brillavano più, ma erano come carboni spenti. Mi afferrò per la collottola e mi tirò a sé finché le nostre fronti non si toccarono. Quando ero piccolo, si sporgeva verso di me e io interrompevo subito quello che stavo facendo e appoggiavo la fronte contro la sua. Attaccati l'uno all'altro, come due calamite, cominciavamo a ridere. Quella volta invece non ridemmo, limitandoci ad abbozzare un sorriso. Poi mi lasciò e camminò spedito verso la porta prima di dileguarsi nel viottolo. Lo guardai allontanarsi, una sagoma bianca che occhieggiava nell'oscurità.

Quando scomparve del tutto, mi sedetti sullo sgabello accanto al letto di Bapuji. Mormorava nel sonno, poi si voltò e aprì gli occhi.

«Bilal, ho sognato che tuo fratello era venuto a trovarmi».

Lo coprii bene.

«Era solo un sogno, Bapuji», risposi.

«Ho pensato che lo fosse. Si è seduto qui e mi ha carezzato la testa per molto tempo. Poi si è chinato su di me e mi ha sussurrato all'orecchio».

«Che ti ha detto?», domandai con rassegnazione.

«Che gli dispiaceva», rispose Bapuji.

«Solo questo?», chiesi.

«Sì. Per cosa credi che fosse dispiaciuto? Ho cercato di fermarlo perché mi spiegasse, ma se n'è andato», aggiunse Bapuji.

«Non lo so, Bapuji, ma sono contento che sia venuto», risposi.

«Anch'io, Bilal», sospirò Bapuji assonnato. «Anch'io».

Quarantuno

Mi aveva visto, ne ero sicuro. Rimasi immobile, stringendo al petto la medicina. Le strade erano deserte a quell'ora e in giro c'erano solo le bande che bruciavano la gente nelle case. Ero appena riuscito a farmi aprire la porta da Rajahwallah e a ottenere un po' di medicine, quando mi aveva visto.

Mi rifugiai in un vicolo. *Che cos'è?* Sentivo i passi che si avvicinavano. *Qualcuno mi ha trovato. Se continua ad avanzare da questa parte finirà col venirmi addosso. Devo scappare. Ora.* Feci un respiro profondo e mi gettai a capofitto in avanti, correndo senza guardare indietro. Nell'udire un grido, abbassai la testa e accelerai. Conoscevo bene quei viottoli. *Prima o poi lo seminerò in quel labirinto di vicoli.* Girai a sinistra, poi a destra e poi di nuovo a sinistra nel tentativo di allontanarmi dal mio inseguitore.

Ma era sempre lì che gridava. «Corri pure veloce, piccolo ratto, ti prenderò lo stesso».

Conoscevo quella voce! Preso dalla disperazione, mi addentrai in un groviglio di strade, feci finta di girare a destra ma poi corsi in direzione opposta, nella speranza di far perdere le mie tracce. Dopo aver percorso diverse strade, smisi di sentire il rumore dei passi che mi seguivano. Davanti avevo quattro vicoli che andavano in direzioni diverse. Mi fermai per riprendere fiato, ma udii i passi che arrivavano dal vicolo alle mie spalle. *Decidi,*

Bilal! Presi la strada a sinistra e corsi a più non posso in una stradina lunga, così stretta che dovevo avanzare di fianco, spingendomi con le mani lungo le pareti. Finii in uno spiazzo quadrato circondato da alte mura. Corsi verso un'estremità e alzai gli occhi. *Troppo alto!* Ero in trappola. Mi schiacciai contro il muro. *Mi avrà visto venire da questa parte?* Mi lasciai scivolare contro la parete e mi abbracciai le ginocchia. Attesi.

Qualche secondo più tardi, il mio inseguitore sbucò dalla piccola apertura e si fermò di colpo. Mi vide nell'angolo e sorrise.

«Quasi, piccolo ratto», disse piegato in due per il fiatone. «Eri quasi riuscito a seminarmi, ma io ci sono cresciuto qui». Si drizzò e fece un passo verso di me.

Mi alzai.

«Che cosa vuoi da me?», chiesi senza perdere la calma.

«Da te? Niente. Voglio solo eliminarti dalla faccia della terra, sporco musulmano», sibilò quasi vomitando le parole. «Sai, conosco tuo fratello: se l'è presa con i miei fratelli. Mi è scappato già diverse volte, ma quando ho saputo che aveva un fratellino, l'ho preso per un regalo divino». Fece un altro passo avanti. Estrasse una bottiglietta dalla tasca e mi sorrise. «Sai cos'è questa, piccolo ratto? È benzina». Rovistò nelle tasche e prese dei fiammiferi. «E questi lo sai cosa sono, non è vero?».

Feci un passo indietro e lo fissai terrorizzato. Perfino dopo tutto ciò che avevo visto e sentito, non riuscivo a credere che stesse accadendo.

«Ti brucerò, piccolo ratto, e sentirò le tue urla. Poi troverò tuo fratello e brucerò anche lui», mi minacciò. Si avvicinò, mi versò la benzina addosso, inzuppandomi la camicia. Poi cominciò a ridere con un fiammifero in mano.

«Non farlo», disse una voce dall'imboccatura dello spiazzo.

Ci voltammo entrambi e vedemmo Manjeet che camminava verso di noi.

«Non avrei mai trovato questo posto se non ti fosse caduto il tuo *kara* all'entrata», disse Manjeet mostrando un bracciale d'argento.

Il ragazzo con il fiammifero guardò confuso Manjeet.

«*Sat Sri Akaal*, fratello, che cosa fai qui?», chiese il ragazzo.

Manjeet mi guardò, poi fissò lo sguardo sull'altro ragazzo e fece un passo avanti. Era molto più alto dell'altro.

«È amico mio», disse calmo Manjeet. «Metti via i fiammiferi e vattene. Lui non c'entra con la tua guerra».

«Ma è uno sporco musulmano e suo fratello ha ferito molti dei nostri. Devo vendicarmi».

«No, vattene ora», ripeté Manjeet facendo un altro passo e piazzandosi giusto davanti al ragazzo.

Accigliato, il giovane indietreggiò e ringhiò: «E che succede se non lo faccio?».

Manjeet rimase immobile e fulminò il ragazzo con un'occhiata. «Se non te ne vai in questo istante, prendo la bottiglia, te la verso sulla faccia e ti do fuoco. Te lo giuro su ciò che ho di più sacro».

La mano che stringeva il fiammifero cominciò a tremare mentre il ragazzo guardava torvo Manjeet. Controvoglia, il giovane abbassò il fiammifero.

«Ti conosco, fratello», disse il ragazzo. «Cosa penseranno i tuoi fratelli quando glielo racconterò?»

«Diglielo pure. Pensi che si schiereranno dalla tua parte? Mi stupirebbe che non ti strappassero la barba, brutto teppista», disse con rabbia Manjeet, lanciando il *kara* ai suoi piedi. «Ora vattene, prima che mi arrabbi sul serio».

Il giovane girò attorno a Manjeet, ma standogli alla larga. Mi guardò torvo ancora una volta, poi scomparve dalla nostra vista.

Manjeet si voltò verso di me e sospirò: «Stai bene?».

Mi piegai in due e vomitai. Gemendo, mi appoggiai contro il muro per ritrovare l'equilibrio. Premendomi le mani sullo stomaco, sbattei le palpebre per asciugarmi le lacrime.

«No, non proprio, ma sono felice di vederti, Manjeet», risposi senza fiato.

Mi ripresi lentamente, mi rimisi diritto e guardai Manjeet. Nessuno dei due parlava, e il silenzio tra noi era carico di imbarazzo.

Non dirlo, Manjeet. Non devi dirlo.

«Bilal, non potrò più vederti. La mia famiglia pensa che i musulmani…».

Sentii la rabbia divamparmi dentro.

«E tu, Manjeet? Tu, cosa pensi? Mi conosci. Non sono un musulmano. Sono Bilal. Solo Bilal».

Manjeet strinse i pugni e assunse una posa decisa. «Non è questo, io…».

«E allora di cosa si tratta? Che differenza c'è tra me e te?»

«È cambiato tutto, l'avevi detto tu che stava cambiando. Noi non ti abbiamo dato retta e ti abbiamo preso in giro, ma è cambiato tutto. Dimmi tu qual è la differenza. La mia famiglia dice che dovrei unirmi alla lotta, che dovrei prendere un *kirpan* e… che dovrei dare fuoco alla gente…».

«Ma tu come la pensi? Che cosa dici?», gli chiesi disperato.

«Che importa come la penso io!», urlò Manjeet, con il viso deformato dalla rabbia. «Non lo capisci, Bilal? Credi davvero che possiamo scegliere? Credi di avere tutto sotto controllo? No, non è così. Puoi fare quello che vuoi, ma la scelta l'hanno già fatta altri. Puoi credere di avere il controllo della situazione, e a volte sarà anche vero, ma nelle cose che contano, quelle importanti, Bilal, non abbiamo scelta».

«C'è sempre un'alternativa», sussurrai. Mentre guardavo il cielo carico di nubi minacciose, il cuore iniziò a gonfiarsi di una tristezza che non avevo il tempo di evacuare, come una barca che affondando si riempie d'acqua. «Hai scelto tu di venire in mio soccorso, pur sapendo che ciò ti avrebbe procurato dei problemi».

«Ti considererò sempre un amico», rispose sottovoce Manjeet. «Anche se non possiamo più essere amici. Mi dispiace. Devo andare».

Manjeet mi fissò e indietreggiò verso l'entrata della piazza. Il suo turbante arancione, che conoscevo così bene, ondeggiò e sparì dalla mia vista, e dalla mia vita.

Quarantadue

Il presidente del consiglio cittadino, Ramprakash Gianwaral, era in piedi fuori da casa nostra e pareva a disagio.

«Mi dispiace, Bilal. Per te e per questa città. Il tuo bapuji era... è il migliore. E un grande amico», disse.

«Grazie di essere venuto, signor Gianwaral. Mi dispiace che stia tanto male e non possa ricevervi, ma sono sicuro che sarà felice di sapere che siete venuto a trovarlo».

«Lo spero», rispose lui. «Bilal, gira voce che il tuo bapuji... come posso dire?»

«Sì, signor Gianwaral, che voce?», gli chiesi.

«Insomma, che il tuo bapuji non sa, non è al corrente della situazione. È vero?».

Lo fissai. Lui fece altrettanto, e restammo lì a guardarci.

«Sì, è vero», risposi.

Il signor Gianwaral scosse lentamente la testa. Si grattò la barba ed estrasse un fazzoletto per tamponarsi la fronte.

Il silenzio si prolungò, simile a una cappa pesante che premeva su di noi. Il presidente ripiegò il fazzoletto bagnato, se lo infilò in tasca e guardò la porta aperta alle mie spalle. Si schiarì la voce, aprì la bocca per parlare ma non ne uscì nessuna parola.

Per darsi un contegno, raddrizzò la schiena.

«Non è del tutto sbagliato. La verità è per chi deve viverla, dopotutto. Digli... porgigli i miei saluti, Bilal. I miei più cari saluti», concluse, e girò i tacchi.

«Non mancherò. Signor Gianwaral, è vero che stasera darete una festa, dove ci saranno musica e danze?»

«Doveva essere un segreto», sospirò, «ma suppongo che non esistano più i segreti in questa città, eh, Bilal?»

«È vero?»

«Sì, noi vecchi pazzi abbiamo pensato che sarebbe stato un giusto tributo a... alle nostre ultime ore come nazione unita. Alla nostra India». Le parole gli uscirono di bocca a fatica, con un suono strozzato.

«Capisco», replicai.

«Mi sarebbe piaciuto che ci fosse il tuo bapuji ma, viste le circostanze, forse è meglio così».

«Già, meglio che non ci sia», concordai.

Il signor Gianwaral fece un passo avanti e mi mise la mano sulla spalla, stringendomela. «Hai ragione», concluse, e se ne andò.

Avrei dovuto tenere la bocca chiusa invece di raccontare tutto a Chota quando ci incontrammo sul tetto. Balzò immediatamente in piedi e tirò su di peso anche me.

«Non voglio andarci, Chota», borbottai.

«Perché no?», domandò mentre saltellava pieno di eccitazione.

«Perché Bapuji è ormai vicino alla fine, Chota. La città è in ginocchio e sta morendo. L'ultima cosa che voglio vedere è un ballo».

Chota smise di saltellare e si avvicinò al bordo del tetto con lo sguardo perso in lontananza.

Che cosa posso dirgli, ora che sa come sono davvero? Non c'è più Saleem a tirarci su il morale né Manjeet a calmarci. Sono rimasto solo io con la mia tristezza.

«Guarda, Chota...».

«Non c'è problema, Bilal, e non ne avevo poi tanta voglia. Pensavo solo che ti avrebbe aiutato a distrarti un po' fino a mezzanotte», mi spiegò.

Gli andai accanto e osservai la piazza del mercato deserta.

«Ormai al mercato sono rimasti solo i ratti. Li senti correre e squittire quando ci passi vicino. Alcuni sono lunghi come il mio braccio, sai?», osservò Chota, mostrandomi il suo braccio.

«E meno male che hai le braccia corte, sennò ci sarebbe da preoccuparsi davvero», risposi sorridendo.

Alzai lo sguardo e contemplai il cielo. Compresi che era l'ultima volta che il sole tramontava su quell'India. L'indomani, all'alba, ci sarebbe stata un'altra nazione. Un'India che era cambiata per sempre. *Ma io sono ancora qui, India*, avrei voluto urlare. «Sono ancora qui».

«A che ora cominciano le danze, Chota?», gli chiesi piano.

«Ho sentito che inizieranno subito dopo il tramonto e termineranno prima di mezzanotte», rispose.

«Ok, credo che Doctorji passerà fra poco, perciò gli lascerò un biglietto chiedendogli di badare a Bapuji e di avvisarlo che tornerò prima di mezzanotte. Poi verrò con te al ballo».

Chota, raggiante, mi diede una gomitata nelle costole. Cercai di rifilargli uno scappellotto ma, come al solito, riuscì a sfuggirmi grazie alla sua velocità.

Quarantatré

Quella sera era Chota a fare strada, con un'andatura che sprizzava un'energia incontenibile. *Non si stanca mai di andare avanti, Chota.* Ogni tanto si guardava alle spalle e si fermava ad aspettarmi. Non appena lo raggiungevo, riprendeva a camminare. Non avevo nessuna fretta, soprattutto di andare a una festa dove probabilmente non ci avrebbero neanche fatto entrare.

La sala da ballo si trovava dall'altra parte della città, nel vecchio palazzo di un ex *nawab*. L'edificio aveva visto tempi migliori, ma quella sera era inondato di luci dorate che lo avevano riportato in vita. Udendo dei rumori che provenivano dalle finestre aperte, smisi di camminare. Chota si voltò e mi guardò con aria interrogativa.

«Forse dovremmo aspettare cinque minuti, almeno fino a quando non siamo sicuri di poter entrare senza essere visti», suggerii.

Chota storse il naso.

«Se aspettiamo ci perdiamo l'inizio, Bilal. Se ti faccio vedere un passaggio che nessuno conosce, vieni?».

Il mio sguardo passò da Chota alla casa. Ero perplesso: conoscendolo, probabilmente era al corrente di un ingresso segreto. Ma era anche possibile che stesse mentendo.

«Ok, però facciamo piano», acconsentii.

Facemmo il giro dell'edificio, spostandoci sul retro. Il dolce fruscio degli alberi maestosi intorno a noi mi ricordava che eravamo lontani dal centro della città. Chota mi fece cenno di chinarmi e procedemmo carponi fino ad arrivare direttamente sotto una finestra.

«Possiamo entrare da qui», affermò Chota.

«Sei sicuro?», gli chiesi con un certo scetticismo.

Senza neanche aspettare, Chota si alzò e sollevò la finestra. Si aprì scricchiolando, bloccandosi a metà. Chota s'intrufolò dentro e lo udii atterrare dall'altra parte con un tonfo sordo. Mi alzai anch'io, infilai la testa nel vano della finestra e cercai di passare. Chota non si era reso conto che ero grande il doppio di lui e non riuscivo a passare. Mi guardò ridendo mentre ero lì bloccato a lanciargli delle occhiatacce.

«Sono incastrato, Chota! Bisogna sollevare ancora un po' la finestra», sibilai. Chota si arrampicò sul davanzale e cominciò a spingere la finestra, ma era proprio bloccata. Mi accorsi che non riuscivo neanche a tornare fuori.

«Chota, non riesco più a uscire. Devi alzarla ancora un po'. Proviamoci insieme». Chota si preparò.

«Uno, due, tre...».

La finestra si sollevò improvvisamente facendo un gran fracasso, e io caddi addosso a Chota, facendolo atterrare con me nella stanza polverosa. Mi districai e mi alzai. *Devono averci sentito!* Mi girai e richiusi la finestra cercando di fare meno rumore possibile, poi tirai con me Chota verso una finestra larga coperta da una tenda pesante. Lo spinsi dietro, mi nascosi anch'io e attesi. Udii dei passi che entravano nella stanza e che si dirigevano verso la finestra. Io tenevo la mano sulla bocca di Chota, immobile come una statua. Alla fine i passi si allontanarono e potemmo uscire da dietro la tenda. Con le orecchie ben aperte, sgusciammo verso la porta. Il corridoio oscuro era deserto, e seguii Chota che si dirigeva verso la luce. Tirai Chota in una rientranza buia e mi chinai.

«Sembra l'ingresso principale della sala. Dobbiamo andare di sopra e vedere se riusciamo a trovare un posto da dove guardare giù», sussurrai.

Chota annuì e partì di scatto. Alla fine del corridoio c'era una scala. Salimmo lentamente, udendo il debole suono della *tabla* accompagnato dalle corde delicate del *sitar*.

«Penso che stia per cominciare», osservai.

Al primo piano tutto era coperto da un sottile strato di polvere. Una luce argentea si diffondeva in tutte le stanze che vedevamo passando. Qualcuno doveva avere pensato che la casa avesse bisogno di essere arieggiata per l'occasione, e aveva aperto tutte le finestre. Fini tendaggi svolazzavano nel silenzio, mentre attraversavamo di corsa quel vecchio palazzo dall'atmosfera inquietante. Giungemmo a una piccola rampa di scale che scendeva. In fondo c'era un'altra porta che sembrava chiusa da anni. La oltrepassammo e ci ritrovammo davanti a una grande grata quadrata che si affacciava proprio sulla sala da ballo. Chota si girò verso di me, mi sorrise come per ribadire: "Te l'avevo detto", e si appoggiò alla cornice di legno. Gli andai accanto e guardai la sala vivacemente illuminata attraverso una delle grate.

Al centro della sala, dai soffitti altissimi, era stato sistemato un grande riquadro di stoffa rossa coperto di cuscini e guanciali. Vi erano seduti i membri del consiglio della città. Stavano chiacchierando piano tra loro, ma l'atmosfera era cupa. Nessuno aveva dimenticato che giorno era, e il peso della storia sembrava essersi posato sui presenti come uno spesso strato di polvere. Davanti al pubblico era stato messo un tappeto nero, il palco. Le lanterne illuminavano tutta la stanza e ogni membro del consiglio aveva la propria *diva*. Tutta la sala sembrava danzare al ritmo silenzioso delle fiamme. Due musicisti sedevano su dei cuscini a un'estremità del quadrato nero. Vestiti elegantemente di bianco, aspettavano. Sembravano nervosi. Il suonatore di *tabla* piegava le dita per prepararsi e il proprietario del *sitar* accordava distrattamente lo strumento con abili movimenti.

La ballerina di *kathak* apparve da dietro un lungo tendaggio. Vestita di bianco scintillante, volteggiò e scivolò fin davanti al pubblico con una manciata di petali di rosa. Li sparse per terra a mo' di offerta e con un gesto delicato si toccò la fronte per salutare i presenti; fece un passo indietro e le campanelle del *ghungroo* che aveva alle caviglie tintinnarono piano. Il silenzio riempì gli spazi vuoti della sala, rotto solo dal fischio del vento e dal fruscio delle tende che introducevano con dolcezza l'esibizione della ballerina, pronta in una posa elegante *proprio davanti a noi*.

Il suonatore di *sitar* cominciò a intonare le prime note, producendo suoni pizzicati che fecero rilassare il pubblico. Accarezzando le corde, su e giù, il musicista eseguì una melodia che raggiungeva ogni angolo della sala. La ballerina era immobile, con il mento chino, gli occhi chiusi, e ascoltava le risonanze emesse dalle corde. Chiusi gli occhi per ascoltare ciò che sentiva anche lei, ma che cosa provava dentro? Pizzicando una corda dopo l'altra, il musicista produceva suoni alterni e, ancora con gli occhi chiusi, sentii il primo colpo di *tabla* unirsi al ritmo del *sitar*, seguito poi da un altro battito sordo. Scivolando in una bolla di silenzio creata dal suonatore di *sitar*, la *tabla* intonò un ritmo.

Osservai i due musicisti. Erano amici. Come me e Saleem, me e Chota, me e Bapuji. Amici che si lasciavano spazio a vicenda. Che sapevano quando parlare e quando restare in silenzio.

La musica continuò, poi si udì uno scampanellio, un tintinnio. Vidi tra le grate la ballerina di *kathak* che muoveva piano i piedi, facendo risuonare i *ghungroo* che aveva alle caviglie al ritmo della *tabla*. Un altro spazio creato per lei dai suoi amici. Ora c'erano tre linee musicali diverse che riempivano lo spazio tra le nostre orecchie e la mente. Le fiamme che scaturivano dalle *diva* tremolavano per unirsi alla melodia, oscillando come un tributo ai piedi della ballerina. Lei, muovendosi al ritmo della musica, alzò le mani. Allargò le braccia e simulò le ali di un uccello ondeggiando su e giù, planando sul torrente di note. Prima il braccio destro, poi il sinistro, come se stesse imitando il volo di un martin pescatore dal petto arancione, senza smettere di muovere i piedi. La musica variò impercettibilmente e subito lei si trasformò in un pesciolino argentato che guizza nell'acqua. Il *sitar* riproduceva il rumore dell'acqua che scivola sui ciottoli e la *tabla*, con il suo tamburellare delicato in sottofondo, imitava il pesce che si tuffa nell'acqua. Chota era ipnotizzato, nei suoi occhi si riflettevano le *diva* tremolanti e la ballerina con il suo abito bianco splendente.

Il percussionista aumentò il ritmo e poi si fermò di colpo, passando in secondo piano, mentre il *sitar* introduceva un'altra scena. Nell'osservare i gesti della ballerina, notai il gioco di ombre sulla parete alle sue spalle. Stava raccontando una storia: la storia dell'India e della sua genesi. Dei suoi fiumi e montagne. Lei era un pesce che nuotava nelle fresche acque del fiume Indo, poi un'aquila che sorvolava le alte cime dell'Himalaya. A volte era la terra, altre l'aria, ma incarnava Madre India, non c'erano dubbi. Allungò il collo elegante e lo mosse a destra e a sinistra, mentre con le dita affusolate disegnava forme davanti ai nostri occhi. Tutti quanti nella sala la osservavamo mentre raccontava la sua storia. La nostra storia. Le prime popolazioni che si stabilirono sulle rive dei fiumi, i primi cacciatori, i primi ballerini. Strumenti rudimentali fatti con il fango e il legno suonavano con lo stesso ritmo del presente, il passare degli anni dimenticato dal battere dei piedi sulla terra. La sua terra. Lei era un albero, un banyan, con le braccia protese come fuscelli che germogliano dal terreno, ostacolandosi a vicenda, mentre i colpi di *tabla* introducevano un ramo dopo l'altro, senza inizio e senza fine. Ora era un monsone, e mimava vortici muovendosi nella luce soffusa. La *tabla* fece un guizzo per seguire i passi incalzanti della ballerina, subito seguita dal *sitar*. Il suono dei piedi sul pavimento e il tintinnio delle campanelle risuonavano in quella vecchia casa come pioggia sulla dura terra, con le dita che disegnavano le goccioline nell'aria. La *tabla* aumentò il ritmo, ma ora si sentiva anche qualcos'altro. La furia. Le corde del *sitar* ora producevano un suono più duro, sincopato. La ballerina fece un passo avanti e ruotò sui talloni, cominciò a volteggiare. Il ritmo delle percussioni si fece più incalzante e rapido e le piroette aumentarono di velocità. Stava per arrivare il monsone e la gente si preparava a resistergli. Tutti gli occhi erano puntati sulla gonna svolazzante della ballerina, che si apriva a ruota per abbracciare la terra. A forza di guardare le sue piroette mi venne un capogiro, e la vista mi si annebbiò. La bianca figura scintillante fu inghiottita dall'oscurità.

Riuscivo a sentire la forza devastante del monsone attraverso quella grata. Le luci dorate tremolavano, sferzate dal vento selvaggio. E le giravolte continuavano.

Rividi il momento in cui mi ero arrampicato la prima volta sul banyan con Bapuji. Quello in cui ero caduto e Ma mi aveva tamponato il ginocchio con il suo sari. La prima volta in cui io e Saleem avevamo estratto l'acqua dal pozzo. Quando avevamo scoperto il tetto e ce n'eravamo impossessati. La prima volta in cui Bapuji mi aveva portato a fare un giro tra le bancarelle del mercato con lui. La prima volta in cui mi ero seduto ad ascoltare le piogge monsoniche che cadevano fuori casa. La prima volta che avevo assaggiato un mango dolce. La prima volta in cui avevamo nuotato nel fiume e avevamo catturato un pesce per la cena. La prima volta che mi ero reso conto che Bapuji era seriamente malato. La prima volta che avevo deciso che la mia vita sarebbe diventata una bugia.

La ballerina si fermò di colpo e crollò a terra con il capo chino. La musica s'interruppe altrettanto bruscamente. La danza era terminata.

Quarantaquattro

Ci muovemmo tra le ombre, procedendo lentamente verso casa. Si notava eccitazione nell'aria, ma anche qualcos'altro. Paura. Vedemmo la gente scendere in strada a festeggiare. O forse erano solo confusi? Suoni allegri si mischiavano al silenzio di chi se n'era andato. La gente stava lì a guardare, aspettando che l'orologio battesse la mezzanotte. Riuscivo a capire la loro incertezza. *Proveremo emozioni diverse? Cambierà qualcosa? Cosa ci riserva il domani?*

Molti rifiutavano testardamente di riconoscere che le cose stavano cambiando, e molti altri erano convinti di assistere all'alba di una nuova èra per India. Ero tormentato da questo miscuglio di emozioni, le mie e quelle degli abitanti della città. Nascosti tra le ombre, ci bloccammo quando passò un folto gruppo di uomini con delle torce.

«India per sempre!».

«*Jai Hind*!».

Sentii il respiro caldo di Chota nell'orecchio.

«Stanno ancora dando fuoco alla gente nelle case», mormorò d'un fiato. «Bilal, mi stai facendo male al braccio».

Sbattei gli occhi e mi accorsi che gli stavo stringendo forte la mano. «Scusa», risposi.

«Faremmo meglio ad andare a casa tua», suggerì Chota.

Mi voltai per guardarlo perplesso.

«Casa tua è qui vicino, andiamo prima lì», ribattei io.

«No, no, vengo da te, ti accompagno, non si sa mai».

«Chota, se è per quello potrebbe capitare qualcosa a entrambi. Non avrò problemi».

Lui si girò per guardare in strada e mi afferrò il braccio.

«Andiamo», disse, e mi prese la mano per portarmi via di lì.

Scossi la testa. Sotto sotto ero contento che Chota venisse con me. Sapevo di essere egoista, ma avevo paura e non volevo rimanere da solo.

Muovendoci furtivamente tra le stradine, giungemmo davanti alla scuola e alla casa del signor Mukherjee. Chota proseguì con passo spedito, ma io lo feci fermare.

«Chota, aspetta. Voglio vedere il signor Mukherjee un secondo», gli dissi. «Qualche giorno fa mi ha chiesto di fargli sapere se stavo bene. Sarà di sicuro preoccupato».

«Ok, ma fa' presto. Non possiamo restare molto», replicò Chota.

Dopo aver bussato, sbirciai tra le crepe sulla porta per cercare segnali di vita.

«Signor Mukherjee? Signor Mukherjee? C'è nessuno?».

Silenzio. *Dove possono essere finiti?* Chota era lì che fremeva d'impazienza. La pesante porta di legno si aprì con uno scricchiolio e apparve il lungo braccio del signor Mukherjee che mi tirò dentro casa e poi richiuse subito la porta alle mie spalle.

«Aspettate! Chota è qua fuori», gridai.

Il maestro riaprì la porta, chiamò Chota e lo fece sgattaiolare dentro casa.

«Bilal, ma dove diavolo eri finito? Sono stato dal tuo bapuji e Doctorji era preoccupato per te. Mi ha spiegato che avevi lasciato un biglietto per dire che saresti tornato più tardi».

«Avrà detto a Bapuji che non sapeva dov'ero?», gli domandai.

«Non lo so, ma ne dubito. Il tuo bapuji stava dormendo, riesce a malapena a sollevare il capo», rispose il signor Mukherjee.

«Avevo bisogno di allontanarmi per un po'», dissi a voce bassa.

«Bilal, non è raccomandabile andarsene in giro. Mezza città sta festeggiando e l'altra metà se n'è andata. Poi ci sono quelli che vagano per le strade».

«Lo so, li abbiamo visti», replicai.

Il signor Mukherjee sbuffò e fece un sospiro. «Va' a casa, Bilal. Ti voleva vedere».

«Ok. Andiamo, Chota», risposi mentre aprivo la porta.

«Aspettate, vengo con voi», intervenne il maestro mentre indossava il soprabito.

«No, signor Mukherjee, fareste meglio a restare con Auntie-ji».

«Auntie-ji sa badare a se stessa, Bilal», dichiarò la signora Mukherjee che apparve nell'oscurità. Mi si avvicinò e mi strinse in un abbraccio che non ricambiai. Per quanto lo volessi, non ci riuscivo. Lei fece un passo indietro e mi sorrise con tristezza.

«Sei più coraggioso di quanto immagini», disse lei.

Chinai il capo e mi fissai i piedi.

«Avevo sempre creduto che il coraggio significasse dire la verità. Sono un vigliacco, ma va bene lo stesso. Posso accettare di essere un codardo, se ciò significa che Bapuji può morire in pace. Il signor Gianwaral oggi mi ha detto qualcosa di molto sensato. Ha detto che la verità è per chi deve viverla».

La signora Mukherjee trattenne le lacrime e si allontanò, coprendosi il viso con la sciarpa. Sapevo che non voleva che la vedessi piangere. Il maestro la riaccompagnò nella stanza buia e tornò da noi.

«Aspettate qui. Torno tra un attimo», ordinò in tono severo.

Chota aspettava accanto alla finestra, impaziente.

«Ok», disse il signor Mukherjee al suo ritorno. «Non fermatevi, neanche se qualcuno vi intima di farlo, continuate a camminare. Se una di quelle bande ci dovesse sbarrare il passo, siete entrambi figli miei e stiamo andando a festeggiare in piazza. Chiaro?».

Chota e io brontolammo di sì e ci avviammo veloci per la strada. La luce era scarsa e in alcuni punti del tutto assente; facevamo del nostro meglio per seguire il passo rapido del signor Mukherjee.

Arrivati alla mia stradina, raggiunsi il maestro e mi misi a camminare accanto a lui. Come sempre borbottava tra sé e sé. Si girò verso di me e mi sorrise nervosamente. Raggiungemmo la porta di casa e ci fermammo. Ci guardammo intorno per vedere se ci avevano seguiti, e bussai. Dopo qualche istante, bussai ancora e appoggiai l'orecchio alla porta per sentire se c'erano movimenti. Nell'udire un rumore di passi dall'altra parte, indietreggiai.

«Chi è?», domandò una voce rauca.

«Sono io, Bilal», risposi.

Si aprì la porta pesante e Doctorji ci fece entrare rapidamente in casa.

«Bilal, ma dove sei stato?», mi domandò arrabbiato. «Il tuo bapuji ha chiesto di te. Ma cosa pensavi di fare? Manca poco ormai e...».

Il signor Mukherjee alzò la mano e Doctorji si zittì.

«Era con me. Non volevo lasciarlo uscire. Era pericoloso starsene in giro, e così me li sono portati tutti e due a casa mia», spiegò il maestro.

Doctorji guardò me e poi il signor Mukherjee; rilassò le spalle. Abbassò la testa, poi mi posò una mano sulla spalla. Cercai di vedere la sua espressione, ma lui girò lo sguardo dall'altra parte, lasciando che la penombra gli oscurasse il volto.

«Va' da lui. È quasi giunta l'ora», disse Doctorji con un filo di voce.

Mi sentivo le gambe pesanti, come se si trascinassero dietro grossi sacchi di riso. Strascicando i piedi, mi diressi verso il muro di libri. Sentivo tre paia di occhi che mi fissavano la nuca e mi voltai: vidi tre espressioni diverse. Il signor Mukherjee era in piedi con l'orologio da taschino in mano, che stringeva con tanta forza da averne le nocche bianche. Doctorji mi guardava senza vedermi, spingendo lo sguardo nell'oscurità alle mie spalle con gli occhi colmi di tristezza. Chota era il più vicino a me e stringeva i piccoli pugni.

«Per favore, vorrei stare da solo con Bapuji quando...». Un singhiozzo interruppe la mia frase, e mi voltai per non mostrare il volto.

«Sei sicuro che non vuoi che restiamo, Bilal?», domandò il signor Mukherjee.

«Sì. Sono sicuro. Per favore, signor Mukherjee, accompagnate a casa Chota», replicai cercando di calmarmi.

«Non vado da nessuna parte», affermò testardamente Chota.

«Ascolta, figliolo, non è sicuro qua fuori. Ti accompagno a casa e puoi tornare qui domani», disse il maestro mentre conduceva Chota verso l'uscio.

Sulla soglia, Chota si girò ancora una volta verso di me.

«Sarò qui se avrai bisogno di me, Bilal. Devi solo chiamarmi, e io ci sarò», gridò, e si dileguò nella notte.

Neanche adesso mi abbandona. Sentii un nodo in gola e sbattei veloce le palpebre.

Udii il signor Mukherjee imprecare sottovoce, ma Chota se n'era già andato.

«Quel ragazzo...».

«Non gli succederà nulla, signor Mukherjee», lo rassicurai. «Se la cava sempre».

«Ci vediamo dopo», replicò lui e, dopo aver alzato la mano per salutare, varcò la porta di casa e se ne andò.

Doctorji stava immobile, il suo volto era una maschera sinistra. *Sono così diversi*, pensai. Bapuji mi ricordava sempre delle radici dell'albero di banyan: strato su strato di rami che si sovrappongono e crescono in direzioni diverse. Doctorji era il contrario. Mi ricordava una canna di bambù: diritto, inflessibile e quasi impossibile da spezzare. *Deve essere difficile anche per lui, sono sempre stati grandi amici.* Gli andai incontro e gli strinsi la mano.

«Sarete il primo a saperlo, Doctorji. Dopo che... sarà successo», mormorai.

Come se si fosse svegliato da un sogno, Doctorji guardò la mia mano stretta alla sua. Chiuse le grosse dita sulle mie e strinse forte, facendomi quasi gridare. Poi mi lasciò di colpo e se ne andò senza voltarsi, chiudendosi la porta alle spalle.

Quarantacinque

Passai accanto al muro di libri e mi fermai ai piedi del letto. Doctorji aveva lasciato una candela accesa lì accanto. La fiammella dorata proiettava ombre tremolanti sul muro. Avvicinandomi alla candela, notai la mia sagoma scura sul muro color sabbia. *Sei un testimone, allora? Sei venuto a vedere se ce la faccio?*

Mi sedetti sul letto e osservai Bapuji che dormiva; un respiro irregolare gli usciva sibilando dalle labbra secche e screpolate. Andai a prendere dell'acqua e intinsi le dita nel bicchiere per poi inumidirgliele con delicatezza. Gli posai la mano sul petto e chiusi gli occhi. Ogni respiro gli costava uno sforzo: una lotta per un po' d'aria, una guerra contro se stesso. Il torace di Bapuji si alzava a malapena. Era una lotta che stava per perdere.

All'improvviso aprì gli occhi, mi guardò e sorrise.

«Sei tu», bisbigliò.

«Doctorji è andato via, Bapuji», gli risposi.

Bapuji fece una risata soffocata mentre cercava di tenere gli occhi aperti.

«Anch'io, tra poco», sussurrò.

Cercai la sua mano e gli strinsi le dita ossute premendomele contro il petto. Eravamo entrambi avvolti dal chiarore della candela. Mancava qualche minuto alla mezzanotte e io continuavo ad aggrapparmi ai miei sogni ormai logori.

Mi portai la sua mano alle labbra e la baciai; lacrime

calde mi solcavano il volto e cadevano nell'oscurità oltre il bordo del precipizio.

«Bapuji, ci siamo quasi», gli dissi, chinandomi verso di lui per sussurrargli all'orecchio.

«Bilal», replicò Bapuji.

Diglielo. Diglielo prima che sia troppo tardi! Tutte le reti che avevo intrecciato nella mia mente si stavano dissolvendo. Tutti i nodi si scioglievano. *Diglielo! Diglielo!*

«Tra meno di un minuto, Bapuji...». *Sono un bugiardo!*

«Ragazzo mio, non riesco a parlare», mormorò.

L'orologio batté la mezzanotte. Suoni di celebrazione, angoscia e tristezza esplosero dalla piazza della città.

«L'hai sentito, Bapuji? Quel suono...». *Porterò per sempre questo fardello. Per sempre.* «L'India è libera», gridai.

«Bilal, amore», disse Bapuji con voce quasi impercettibile.

Mi avvicinai ancora di più al suo orecchio, gli cullai il capo con le mani e gli baciai la fronte.

«Bapuji...».

«Tu sei la mia India», sussurrò Bapuji.

Dalla piazza continuava ad arrivare del rumore, mentre il respiro di Bapuji diventava sempre più discontinuo, fragile, superficiale. All'improvviso, le sue labbra si lasciarono fuggire un ultimo, lungo, rantolo. Un respiro sibilante dell'aria più pura che c'è.

La fiamma della candela continuava a tremolare, disegnando ombre sul muro. Osservai la parete di libri e notai che erano stati tolti alcuni volumi pesanti con la copertina rigida. Mentre mi stringevo contro il petto Bapuji, mi domandavo quanti altri libri avremmo dovuto togliere per far crollare tutto il muro.

Quarantasei

Il rumore della città ora era più vicino, ma diverso. Era un suono più rabbioso, carico di furore. Sentivo le grida e gli insulti ma, nell'oscurità della stanza illuminata solo dalla luce tremolante della candela, mi parevano lontani. Ci fu uno schianto, un colpo contro la porta. Qualcuno stava cercando di entrare. Strinsi Bapuji a me, cominciai a dondolarmi avanti e indietro mentre gli accarezzavo i capelli. L'avevo fatto davvero: era morto tra le mie braccia senza sapere la verità. I colpi violenti continuavano, ma non m'importava. Per quanto mi paresse di galleggiare nell'oscurità, sentivo il cuore che andava a fondo. Poi udii il legno spaccarsi.

Una voce lacerò la penombra silenziosa.

«Te l'avevo detto, non è vero, piccolo ratto? Te l'avevo detto che ti avrei bruciato. L'India non sarà mai veramente libera fino a quando non ci saremo liberati di parassiti come voi. E ora chi ti verrà a salvare? Brucia!».

Una parte di me udì la bottiglia che si fracassava per terra nell'altra stanza. Il muro di libri prese subito fuoco, e l'incendio divorò un volume dopo l'altro. Presto le fiamme arrivarono al soffitto e raggiunsero il *charpoi*. Fuori si udirono altre grida, il suono di una colluttazione.

«Bilal! Bilal!». *Conosco questa voce. Com'è possibile che sia mia zia?* «Bilal! Mi senti, Bilal?».

«Devi uscire!», urlò un'altra voce. Una che conoscevo bene.

Cosa fa qui Bhai? Gli avevo detto di non tornare. Ma ormai non ha più importanza.

Mi accorsi che la candela si era consumata, ma ora tutto il muro ardeva e nell'aria volteggiavano lembi di pelle vecchia e carta ingiallita. Ritagli di cultura bruciati, fogli accartocciati e anneriti che diventava cenere. Allungai una mano e cercai di afferrarne qualche brandello, ma ogni frammento si sgretolava appena lo toccavo.

Chiusi gli occhi, strinsi forte Bapuji e piansi mentre il calore delle fiamme mi faceva venire voglia di dormire. L'avevo fatto. Avevo mantenuto la promessa che avevo fatto a me stesso e ora volevo solo riposare.

In quel silenzio sereno si udì un altro schianto ed emerse una sagoma dall'oscurità.

«Bilal, dobbiamo uscire. Ora!».

«Bhai, che cosa fai qui?».

Mi afferrò bruscamente e mi tirò per un braccio.

«No! Non posso lasciare Bapuji. Non posso», urlai, restando aggrappato al corpo che avevo accanto.

Bhai mi lasciò il braccio e si inginocchiò davanti a me.

«Bilal, se n'è andato. E tra qualche minuto toccherà anche a te. Lascialo», mi esortò.

«Non posso. Non posso. Alla fine non ce l'ho fatta a dirglielo. Avrei voluto, ma non ci sono riuscito», dissi sommessamente.

«Lascialo, Bilal. Non soffre più». Mio fratello mi prese la mano e mi tirò piano a sé fino a stringermi tra le sue braccia. «Lascialo, Bilal», mi sussurrò all'orecchio.

C'era fuoco dappertutto e Bhai si alzò in piedi. Afferrò il lenzuolo, corse fino al secchio d'acqua che si trovava in un angolo della stanza e lo inzuppò. Poi mi versò l'acqua addosso. Ci coprimmo con il lenzuolo e facemmo un passo avanti. Il muro di libri era crollato quasi del tutto e ci impediva di passare.

«Dobbiamo attraversarlo, Bilal! Sei pronto?», gridò Bhai.

«Sì!», strillai io mentre mi tenevo forte al suo braccio.

Prendemmo la rincorsa e ci lanciammo contro il muro di fuoco, chiudemmo gli occhi, e lo attraversammo. Ruzzolammo dall'altra parte e cademmo pesantemente. C'era fuoco dappertutto e sentii male a una caviglia. Bhai si alzò e mi trascinò verso la porta. Ci ritrovammo avvolti dalla notte fresca, con un bisogno disperato di aria pura. Bhai mi aiutò ad alzarmi mentre dietro di noi si alzavano le fiamme e il fumo. Pezzetti di carta svolazzavano nel cielo notturno e si spargevano sulla città in ogni direzione. Chota era in piedi vicino a me con un sasso stretto in mano, e accanto a lui c'era la sorella di Bapuji, che osservava con uno sguardo inorridito prima me e poi la casa. La sua bocca si muoveva ma non emetteva alcun suono. Tese le braccia e mi strinse a sé piangendo: profumava di gelsomino. Infine, mi sciolsi dal suo abbraccio e mi avvicinai a Bhai. Osservammo quel fuoco tremendo spalla contro spalla, con le lacrime che solcavano i nostri volti sporchi, mentre la morte di Bapuji accompagnava la nascita di una nuova nazione.

Dopo un po', Bhai si voltò verso di me. Mi afferrò la camicia e mi diede un brusco abbraccio. Affondai la faccia nel suo petto e lo strinsi forte. Poi, dopo avermi allontanato a forza, Bhai fece un passo indietro. Vidi il fuoco che si rifletteva nei suoi occhi, così simili a quelli di Bapuji. *Non te ne andare.* Provai un dolore devastante quando si allontanò e scomparve.

Quella stessa notte, la sorella di Bapuji mi portò via

dalla città per cominciare una nuova vita. Fu l'ultima volta che vidi Bhai. Non ricordo neanche più che aspetto abbia, ma non ho mai dimenticato i suoi occhi scuri che scintillavano come carboni ardenti quando era arrabbiato.

Epilogo

Sessant'anni dopo

Quando terminai il discorso, sul pubblico calò il silenzio. Osservai il mare di volti che mi fissavano. Il silenzio si protrasse, riempiendo ogni spazio vuoto. Guardai il cielo blu scuro della notte, cosparso di stelle luccicanti. Quando avevo ricevuto l'invito a tornare nella mia città per le celebrazioni del sessantesimo anniversario dell'indipendenza, ero rimasto inorridito. Per tutta la vita avevo cercato di dimenticare ciò che avevo fatto, senza tuttavia riuscire a sfuggire del tutto al passato.

Nella vita professionale, l'istinto mi aveva portato a diventare avvocato. *Un difensore della verità.* In molti anni di servizio avevo fatto carriera, fino a raggiungere una posizione prestigiosa, quella di presidente dell'Alta Corte di giustizia. *Nessuno meglio di un bugiardo può riconoscere un altro bugiardo.* La commissione della città, dopo aver visto il mio nome sui giornali, mi aveva invitato a raccontare la mia storia.

Alla fine mi ero convinto che dovevo confessare tutto, e il pensiero di liberarmi finalmente di quel peso dopo tanti anni mi era parso allettante.

Avevo raccontato la mia storia, tutta, accolta dalla folla con un silenzio assordante.

Tirai su col naso e notai qualcosa nell'aria. Girai di scatto la testa e quell'odore riaccese un vecchio ricordo. *Sta arrivando il monsone.*

La gente era ancora immobile. Raccolsi il mio foglio di

carta, lo accartocciai e presi il bastone. Il sindaco, che stava guardando il pubblico, spostò lo sguardo su di me, confuso, e si avvicinò per aiutarmi. *Non era la storia che si aspettava di ascoltare.* Gli feci cenno che non avevo bisogno di aiuto e lasciai il palco con passo incerto. Il sindaco, rivolgendosi al pubblico, ruppe quell'incantesimo ringraziandomi per aver partecipato. Il pubblico cominciò a muoversi nella piazza del mercato, ma c'era ancora una strana calma nell'aria.

Accanto al palco, vidi un barile rovesciato e mi ci sedetti sopra. Mi tornò un altro ricordo, quello del signor Pondicherry e del suo barile preferito all'ombra. "In questo barile", avrebbe detto, "c'è un mare di storie". *Aveva una storia per ogni occasione*, pensai mentre ridacchiavo tra me e me. Dopo essere stato tanto tempo su quel palco, avevo le gambe rattrappite e rigide. Le massaggiai con delicatezza per riportarle in vita.

Mentre ero lì seduto, fui attorniato da un capannello di persone. Venivano in gruppi o da sole. Arrivavano piano piano, ma determinate. Qualcuno mi toccò i piedi per benedirmi e altri mi strinsero la mano. Madri, padri, figli e figlie. Vennero tutti. Persone anziane, con gli occhi lucidi, scuotevano la testa e mi davano delle pacche sulle spalle, dopo aver rivissuto il passato attraverso le mie parole. Amici e familiari di persone che avevo citato nel mio racconto sorridevano ricordando, e mi ringraziavano riconoscenti.

Molti si limitarono a toccarmi il bordo della *kameez* e si allontanarono silenziosi, mentre altri piansero sommessamente e mi rimasero accanto. Nel guardare i volti delle persone che avevo intorno, sentii che il mio fardello era diventato più pesante. Avevo sperato che raccontando la mia storia mi sarei sentito meglio. Risollevato. Invece, dopo averla rivelata ero ancora più giù.

Con la coda dell'occhio, notai un ragazzino che ronzava ai margini della folla. *Ha un aspetto così familiare.* Quando la gente cominciò a disperdersi e se ne furono andati tutti, si avvicinò strascicando i piedi, con il capo chino in segno di rispetto.

«Bilal-ji, ho ascoltato la sua storia. Significa molto per me. Sono il nipote di Doctorji».

Ah! Ecco perché il suo volto mi era tanto familiare.

«Il mio bapuji si chiamava Bilal. Io sono Ghulam», si presentò.

«Ghulam era il nome del mio bapuji. È un onore conoscerti, ragazzo», risposi.

«No, no, Bilal-ji, che cosa dice? L'onore è mio», replicò scuotendo la testa e chinandosi per toccarmi i piedi.

«Tuo nonno mi ha insegnato tante cose», dissi.

«Mi manca tanto. È rimasto in città e ha continuato a lavorare come medico fino alla morte. Ha anche continuato a visitare i villaggi della zona».

«Certo», replicai sorridendo. «Aveva promesso di farlo. Doctorji era un uomo di parola».

«Bilal-ji, può attendere qui per favore? Non ero sicuro che sarebbe venuto oggi, e non ho portato una cosa. Per favore, mi può aspettare? Torno subito».

«Naturalmente, mi troverai qui», gli risposi.

Cercai di mettermi comodo e mi appoggiai alla parete. La città non era cambiata molto. Il mercato era sempre lì con i suoi vicoli e stradine ancora intatte. Semmai, sembrava parecchio più grande ora e attirava commercianti da ogni parte del Paese. *Bapuji ne sarebbe stato orgoglioso.*

Ghulam tornò col fiatone e si chinò in avanti, posandosi le mani sulle ginocchia.

«Tirati su, figliolo, riprenderai meglio il fiato così», gli dissi, ripensando a com'ero io alla sua età.

Mi guardò con curiosità e si alzò. «Andavo sempre di corsa, e mio nonno me lo ripeteva spesso». Ghulam si raddrizzò ed estrasse dalla tasca una busta spiegazzata. «Quando il mio bapuji è morto, ho dovuto mettere in ordine ciò che ha lasciato poiché ero il suo unico figlio. Tra i documenti, ho trovato una grande scatola con le cose di mio nonno, e dentro c'era questa busta. C'era scritto semplicemente "Bilal", ma non ero del tutto sicuro che si trattasse di lei. Fino a oggi. Forse non gliel'ha mai potuta dare perché se n'è andato all'improvviso, ma penso sia giusto che ce l'abbia lei».

Nel prendere la busta mi bloccai. Alzai lo sguardo su Ghulam, che mi guardava con un'espressione incuriosita, e la rigirai tra le mani.

Il mio cuore aveva accelerato i battiti e le stelle nel cielo sembravano più luminose, più nitide. Aprii la lettera con cautela e, quando dischiusi il foglio, ebbi un sussulto.

Era una lettera di Bapuji datata 14 agosto 1947. Mi si annebbiò la vista mentre cercavo di mettere a fuoco quegli scarabocchi. Le prime linee sembravano scritte da un bambino, con lettere grandi intervallate da spazi esagerati. Le successive, invece, avevano una grafia sicura e fluente. *Bapuji, testardo come sempre, aveva voluto provare a scrivere la lettera da solo e, quando non ne aveva più avuto la forza, lo aveva aiutato qualcun altro.*

Alzai di nuovo lo sguardo verso il ragazzino con le mani tremanti. *Doctorji.* Mi feci forza e lessi la lettera.

Tesoro mio,
di tutte le cose che volevo fare prima di morire, la più importante era scriverti questa lettera. Sono orgoglioso di molte cose, Bilal, ma più di tutto sono orgoglioso di essere il tuo bapuji. Non avrei potuto desiderare un ragazzo più coraggioso e, sapendo questo, so che sarai un uomo ancora più grande.

Non ho neanche la forza di terminare questa lettera, ma c'è qui Doctorji ad aiutarmi. Ragazzo mio, mi ha raccontato del tuo giuramento e di quello che ti è costato tenermi all'oscuro della verità. Tesoro, che fardello ti sei accollato?

Bilal, tu sei la mia India. Sei tu il mio sogno. Il tuo gesto, il dono che mi hai fatto resterà per sempre nel mio cuore. Quando leggerai questa lettera, per favore, sappi che quando l'ho scoperto, ho pianto, non di tristezza, ma di felicità per avere un figlio come te. Ti prego di non biasimare Doctorji per avermelo detto. Quel vecchio pazzo con il pallino dell'onestà ha sentito di non avere scelta. So che tu, meglio di chiunque altro, puoi capirlo.

Per favore, di' a Rafeeq che sono orgoglioso anche di lui. Nonostante le nostre liti, assicuragli che non l'ho mai dimenticato. Spero che trovi pace nel mondo e nel suo cuore.

Qui termina la mia lettera. Il pensiero di dovermene andare è troppo doloroso. Ti lascio i miei averi più preziosi, i miei libri. So che li terrai da conto. Forse, ogni volta che ne prenderai uno in mano sorriderai e mi penserai.

Bapuji

Con le mani tremanti fissai la lettera. Qualche minuto dopo le parole divennero linee e forme, ricordi e immagini.

«Bilal-ji, si sente bene?», mi chiese Ghulam con un'espressione preoccupata.

Ripiegai con cura la lettera, la rimisi nella busta e la strinsi forte. Nell'altra mano stringevo ancora il foglio accartocciato che avevo portato sul palco. Lo lisciai e feci del mio meglio per appiattirne i bordi. Il ragazzino alto con i lineamenti di Doctorji lo guardava incuriosito.

«Tutti diciamo bugie», disse lui, leggendo ad alta voce il mio scarabocchio scritto frettolosamente.

Gli porsi il foglio spiegazzato.
«Bilal-ji, cosa devo farne?», mi chiese.
«Quello che vuoi», gli risposi mentre me ne andavo. «Non mi appartiene più».

Glossario

Anaar Gully: espressione hindi che significa "Vicolo della melagrana".
Aseel: gallinaceo allevato specificamente per i combattimenti.
Banyan: grande albero di fico con molte radici, tradizionalmente utilizzato come punto d'incontro, per meditare all'ombra o per insegnare. È l'albero nazionale dell'India.
Bapuji: termine hindi che significa "padre".
Bhai: termine hindi che significa "fratello".
Bhen: termine hindi che significa "sorella".
Chai: termine hindi che significa "tè".
Chapatti: pane piatto e rotondo cotto sulla griglia.
Chappal: calzatura semplice, come un sandalo o una ciabatta infradito.
Charpoi: brandina.
Chota: significa "bambini" o "per bambini". Termine utilizzato da Bilal e i suoi amici per ribattezzare Chota come "il piccolo".
Daal: Lenticchie. Piatto popolare in India.
Dacoit: termine che significa "bandito".
Dhoti: indumento tradizionale maschile, che s'indossa avvolto intorno alla vita e alle gambe.
Diva: piccola lampada a olio che si dispone in giro per la casa. Ha un solo stoppino e di solito è di colore vivace.
Ghungroo: accessorio musicale che si lega al piede delle ballerine di danza classica indiana, formato da campanelle e piattini.
Guru: leader religioso indù o sikh.
Imam: chi guida la preghiera collettiva in una moschea. È anche un insegnante o leader religioso.
Ji: appellativo rivolto alle persone anziane, agli sconosciuti o a chiunque altro in segno di rispetto.
Kabir: ooeta indiano, mistico e filosofo (1440–1518)
Kameez: Tradizionale camicia indiana.
Kara: cracciale di ferro che rammenta ai Sikh di seguire i dettami morali della loro fede.
Kathak: uno degli otto diversi tipi di danza classica indiana, originario del nord dell'India.

Kirpan: spada o pugnale che molti Sikh battezzati portano sempre con sé.
Lassi: bevanda a base di yogurt, simile a un frullato.
Ma: termine hindi che significa “madre”.
Maidan: grande spiazzo spesso utilizzato per giocare a cricket, per comizi o altro.
Masterji: termine hindi che significa “maestro”
Monsoni: venti stagionali che portano forti piogge in tutta l’India.
Nawab: principe o proprietario terriero musulmano.
Pandit: uomo saggio o con grande cultura in India. Spesso si usa come titolo onorario.
Peepul: albero tradizionalmente venerato in India.
Sari: abito tradizionale per la maggior parte delle donne indù; si indossa avvolto in vita e appoggiato sulla spalla.
Sitar: strumento a corde pizzicate. Molto usato nella musica classica indiana.
Tabla: popolare strumento a percussione usato nella musica classica indiana.
Talwar: termine hindi e punjabi che significa “spada”.

Nota storica

Il 14 agosto del 1947 nacque la Repubblica Islamica del Pakistan, una nazione distinta dall'India, in cui prevaleva l'etnia indù. Il Pakistan fu diviso in due regioni: Pakistan Occidentale, sulla valle dell'Indo, e Pakistan Orientale, conosciuto oggi con il nome di Bangladesh. Alla mezzanotte del giorno dopo, il 15 agosto 1947, l'India riacquistò la libertà dal dominio coloniale britannico.

La divisione causata da motivi religiosi provocò una diaspora di 14 milioni e mezzo di persone: musulmani che andavano in Pakistan dall'India e indù e sikh che migravano in direzione contraria. Le comunità finirono per dividersi durante i disordini, e molta gente perse i familiari, gli amici e la propria casa. Si stima che in quel periodo, a causa delle violenze, morirono più di un milione di persone.

Anche se sono passati più di sessant'anni dalla separazione, il conflitto tra India e Pakistan dura ancora oggi, con il ripetersi in continuazione di violenze su larga scala. Le conseguenze, enormi e spesso devastanti, che questa partizione ebbe sulla vita quotidiana in India e in Pakistan sono evidenti ancora oggi, come lo furono allo scoccare della mezzanotte del 14 agosto 1947.

IRFAN MASTER

La mappa dell'India
(1945, prima della divisione)

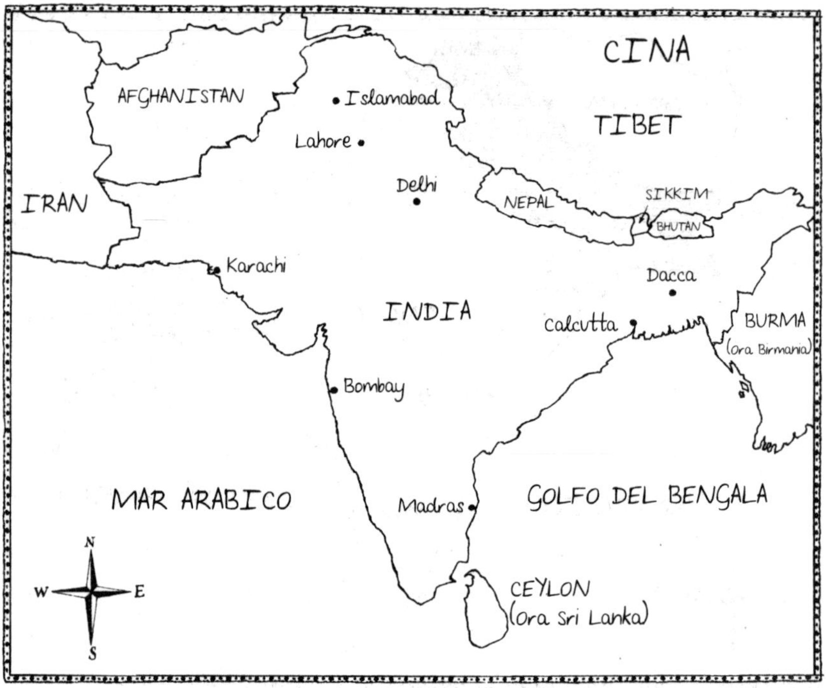

La mappa dell'India e del Pakistan
(1947, dopo la divisione)

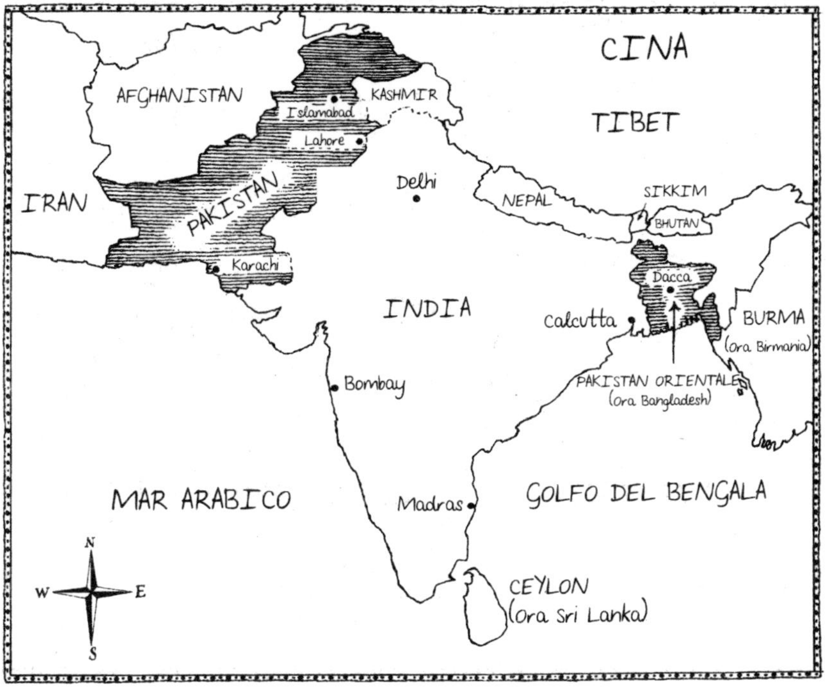

Indice